AF413214

Pedro Calderón de la Barca

Eco y Narciso

Barcelona **2024**
Linkgua-ediciones.com

Créditos

Título original: Eco y Narciso.

© 2024, Red ediciones S.L.

e-mail: info@linkgua.com

Diseño de cubierta: Michel Mallard.

ISBN tapa dura: 978-84-1126-254-5.
ISBN rústica: 978-84-9816-403-9.
ISBN ebook: 978-84-9897-186-6.

Sumario

Brevísima presentación

La vida

Pedro Calderón de la Barca (Madrid, 1600-Madrid, 1681). España.

Su padre era noble y escribano en el consejo de hacienda del rey. Se educó en el colegio imperial de los jesuitas y más tarde entró en las universidades de Alcalá y Salamanca, aunque no se sabe si llegó a graduarse.

En 1621 se negó a ser sacerdote, y poco después, en 1623, empezó a escribir y estrenar obras de teatro. Escribió más de ciento veinte, otra docena en colaboración y alrededor de setenta autos sacramentales. Sus primeros estrenos fueron en corrales. Entre 1635 y 1637, Calderón de la Barca fue nombrado caballero de la Orden de Santiago. En la década siguiente vivió en Cataluña y, entre 1640 y 1642, combatió con las tropas castellanas. Sin embargo, su salud se quebrantó y abandonó la vida militar. Calderón murió mientras trabajaba en una comedia dedicada a la reina María Luisa, mujer de Carlos II el Hechizado. Su hermanó José, hombre pendenciero, fue uno de sus editores más fieles.

En la mitología griega Narciso es un hermoso joven. Al nacer, sus padres consultaron al adivino Tiresias quien dijo: «Vivirá hasta viejo si no se contempla a sí mismo». Entre las jóvenes enamoradas de él estaba la ninfa Eco, quien había disgustado a Hera y había sido condenada por ésta a repetir las últimas palabras que le dijesen.

Eco en consecuencia no podía hablarle a Narciso de su amor, pero un día, mientras Narciso caminaba tuvieron un diálogo. Cuando él preguntó: «¿Hay alguien aquí?», Eco contenta respondió: «Aquí, aquí».

Entonces Narciso le gritó: «¡Ven!».

Y tras responder: «Ven, ven», Eco salió de entre los árboles con los brazos abiertos. Narciso no aceptó el amor de Eco; y ella afligida se ocultó en una cueva y se consumió hasta que solo quedó su voz. Para castigar a Narciso, Némesis, la diosa de la venganza, hizo que se apasionara de su propia imagen reflejada en el agua. Narciso, incapaz de apartarse de su imagen, acabó arrojándose al agua. Calderón toma en Eco y Narciso la historia narrada por Ovidio (Metamorfosis, III), el texto añade a la fábula mitológica detalles como el encierro de Narciso por su madre, para evitar su propia destrucción.

Personajes

Eco
Narciso
Febo
Silvio
Anteo
Sileno
Música
Liríope
Laura
Nise
Sirene
Silvia
Bato
Acompañamiento

Jornada primera

(Sale Silvio de pastor de gala.)

Silvio	Alto monte de Arcadia, que eminente
	al cielo empinas la elevada frente,
	cuya grande eminencia tanto sube,
	que empieza monte y se remata nube,
	siendo de tu copete y de tus huellas 5
	la alfombra rosas y el dosel estrellas...

Silvio
 Alto monte de Arcadia, que eminente
 al cielo empinas la elevada frente,
 cuya grande eminencia tanto sube,
 que empieza monte y se remata nube,
 siendo de tu copete y de tus huellas 5
 la alfombra rosas y el dosel estrellas...

Febo
 Bella selva de Arcadia, que florida
 siempre estás de matices guarnecida,
 sin que a tu pompa, a todas horas verde,
 el diciembre ni el julio se acuerde, 10
 siendo el mayo corona de tu esfera,
 y su edad todo el año primavera...

Silvio
 Pájaros, que en el aire fugitivos,
 sois matizados ramilletes vivos,
 y añadiendo colores a colores, 15
 en los árboles sois parleras flores...

Febo
 Ganados, que en el monte divididos,
 música sois de esquilas y balidos,
 y en la margen de aquese arroyo breve,
 cándidos trozos de cuajada nieve... 20

Silvio
 A pediros albricias mi alegría
 viene de las venturas deste día,
 pues Eco, en él, zagala la más bella
 que vio la luz de la mayor estrella,
 de humana da floridos desengaños, 25
 un círculo cumpliendo de sus años.

Febo   Pésames viene a daros mi tristeza,
de que la rara y singular belleza
de Eco, desengañada de que ha sido
inmortal, un círculo ha cumplido   30
de sus años, que aunque de dichas llenos,
cada año más es una gracia menos.

(Sale Bato.)

[Bato]   Selvas de Arcadia, bello excelso monte,
ganados y aves, pues, deste horizonte,
a pediros albricias he venido   35
y a daros hoy un pésame cumplido:
las albricias, porque Eco a la florida
fiesta hoy de sus años nos convida,
y con su vanidad hacer promete
a todas un opíparo banquete;   40
y el pésame, porque (¡dolor extraño!)
otro no nos hará de hasta aquí a un año.

Febo   ¡Oh Silvio!

Silvio   ¡Oh Febo!

Bato   ¡Oh Bato!

Febo   ¿Tú mismo a ti te nombras, mentecato?

Bato   Pues si no hay quien me nombre,   45
¿qué he de hacer? Y este estilo no os asombre,
que el tiempo está tan necio e importuno,
que es menester honrarse cada uno.

Febo   Silvio, pues ¿dónde bueno?

Silvio   De gusto vengo y de alborozo lleno   50
                a esta hermosa cabaña,
                que dos veces pajiza el Sol la baña.

Febo   Yo también a ella vengo,
                y de verte a ti en ella celos tengo;
                que ya mi amor está desengañado   55
                de que vives de Eco enamorado.

Silvio   ¡Oh qué temprano, cielos,
                antes que con mi amor, di con mis celos!

Bato   ¡Qué falsos, con esfuerzos semejantes,
                están unos con otros los amantes!   60

Febo   ¿Por qué lo dices?

Bato   Aunque ya quisiera
                decirlo, no pudiera,
                porque toda esta música, este ruido,
                dice que Eco ha salido
                de todos los zagales festejada.   65

Silvio   Darela el parabién con voz turbada,
                hasta que hablen más claro mis desvelos.

Febo   ¿Quién vio en villano amor tan nobles celos?

(Salen Músicos, Sileno, Anteo, Nise, Sirene, Eco detrás.)

Músicos   A los años felices de Eco,
                divina y hermosa deidad de las selvas,   70

| | feliz los señale el mayo con flores | |
| | ufano los cuente el Sol con estrellas. | |

Silvio

Eco hermosa, en quien cifró
la sabia naturaleza
la más singular belleza   75
que jamás la Arcadia vio;
el círculo que cumplió
la aurora en tus luces bellas,
tanto mayores que en ellas
unos y otros resplandores...   80

[Él y Músicos]

Feliz los señale [el mayo con flores,
ufano los cuente el Sol con estrellas.]

Febo

Tu florida primavera
el invierno ignore frío,
ardiente ignore el estío,   85
porque dure lisonjera
en su verdor, de manera
que de la muerte las huellas
no tronquen sus rosas bellas,
sino sus claros albores...   90

[Él y Músicos]

Feliz los señale [el mayo con flores,
ufano los cuente el Sol con estrellas.]

Bato

Mi lengua no te aconseja
vivir tanto; que es error,
que morir moza es mejor   95
que no llegar a ser vieja.
Y así las edades deja,
que en pasándosete aquella
de la hermosura más bella,

| | los matices y colores... | 100 |

[Él y Músicos]   Feliz los señale [el mayo con flores,
                                  ufano los cuente el Sol con estrellas.]

Eco   Estoy muy agradecida
                          al festejo que me hacéis,
                          y para que me mandéis,   105
                          solo estimaré esa vida
                          en la canción repetida;
                          pero quejarme también
                          debo este tiempo, de quien
                          con extremos más extraños   110
                          en la fiesta de mis años
                          no me ha dado el parabién.

Anteo   Si es que lo dices por mí,
                          yo soy rústico pastor.
                          Nunca hablar supe en amor;   115
                          luchar con las fieras, sí;
                          y ya que he callado aquí,
                          en tu nombre al monte iré,
                          cuanto cace traeré;
                          y así, con acción más alta,   120
                          lo que en palabras me falta,
                          en obras te lo diré.

Sileno   Si por mí también ha sido,
                          Eco, la queja que has dado,
                          no extrañes que mi cuidado   125
                          me tenga tan suspendido.
                          Años también han cumplido
                          hoy mis mayores enojos;
                          y así, en rendidos despojos,

no te ofrecen mis agravios   130
las lisonjas de los labios,
sino el llanto de los ojos.
Doce años ha que faltó
Liríope, mi hija bella,
destos valles, y que della   135
no tuve noticia yo:
hoy los cumple, y así, no
admires ver en mis daños
sentimientos tan extraños,
pues el día (¡oh suerte dura!)   140
que cumple años tu hermosura,
cumple mi desdicha años.

Bato   Hoy no es de lágrimas día.

Sirene   No nos quite la extrañeza
                de tu notable tristeza   145
                nuestra común alegría.

Nise   Vuelva a la dulce armonía
                a poblar los vientos.

Eco   Hoy
                al templo ofrecida estoy
                de Júpiter, que en lo oculto   150
                yace deste monte inculto,
                pues acompañada voy
                de todos, cumplirle quiero
                ahora, que mal pudiera
                sola yo, sin que temiera   155
                el horrible mostruo fiero
                que en él se esconde.

Febo   Aunque infiero
                    cuánto es grave pesadumbre
                    querer penetrar la cumbre
                    donde ese templo se asienta,   160
                    pues su fábrica violenta
                    del Sol escala la cumbre,
                    vamos, que yendo contigo,
                    la dificultad mayor
                    hará fácil el amor.   165

Silvio   Y yo lo mismo te digo.

Bato   Yo no, que a ir no me obligo
                    adonde un monstruo encantado
                    muestas gentes y ganado
                    tantas veces asombró.   170

Sirene   Vuelva la música, y no
                    quede pastor en el prado
                    que no vaya.

Silvio   Yo también
                    llegar hasta el templo quiero,
                    por si en él piedad espero.   175

Nise   Pues prosiga el parabién.

Febo   ¡Ay, Eco divina, quién
                    obligara tu rigor!

Silvio   ¡Quién lograra tu favor!

Eco   ¡Quién querida no se viera!   180

Sileno	¡Quién su llanto divirtiera!

Bato	¡Quién no tuviera temor!

La Música   A los años felices de Eco,
                      divina y hermosa deidad [de las selvas,
                      feliz los señale el mayo con flores,   185
                      ufano los cuente el Sol con estrellas.]

(Vanse, y sale Liríope, y Narciso de pieles, y Liríope con arco y flechas, y Narciso sin él.)

Liríope   No has de pasar de aquí.

Narciso   ¿Cómo
                      quieres tú que me detenga,
                      si esos pájaros que escucho
                      forman tan extraña y nueva   190
                      música para mi oído,
                      que arrebatado me llevan
                      tras sus acentos? Jamás
                      voces escuché tan tiernas,
                      aunque escuché tantas veces   195
                      las aves que al Sol despiertan.

Liríope   Esas voces que has oído,
                      y que tú ser aves piensas,
                      no lo son.

Narciso   Pues ¿qué son, madre?

Liríope   No conviene que lo sepas,   200
                      porque los hados han puesto
                      tu mayor peligro en ellas.

Narciso   ¿Qué peligro, si el mayor
                 será no escucharlas? Deja
                 que las siga: sepa quién   205
                 tan süavemente alienta
                 los acentos de su voz,
                 diciendo en cláusulas tiernas...

Él y Músicos   A los años felices de Eco,
                     divina y hermosa deidad de las selvas...   210

Liríope (Aparte.) Naturalmente llevado
                   del afecto, los remeda.

Él y Músicos   Feliz los señale el mayo con flores,
                     ufano los cuente el Sol con estrellas.

Liríope   ¡Que en tantos años no haya   215
                 quien a discurrir se atreva
                 esta intrincada espesura,
                 y hoy con tal música vengan!

Narciso   Permíteme, madre mía,
                 que los siga.

Liríope   ¡Tente!

Narciso   Suelta,   220
                 que ¿cómo he de detenerme
                 hoy en lo que a decir vuelvan?

Él y Músicos   Feliz los señale el mayo con flores,
                     ufano los cuente el Sol con estrellas.

Liríope   ¿Ya no sabes que no puedes   225
                 llegar más que hasta esta peña,
                 que es pardo cancel que cubre
                 los umbrales de esa cueva
                 donde vivimos los dos?
                 Pues ¿cómo romper intentas   230
                 los fueros de mi precepto,
                 las leyes de mi obediencia?

Narciso   Como aquella novedad
                 me ha dado, madre, licencia,
                 no para que intente solo   235
                 quebrantarlas y romperlas,
                 mas para que intente hablarte
                 más claro, escúchame atenta.
                 Yo, desde aqueste peñasco,
                 que es raya donde me ordenas   240
                 que pueda llegar, he visto
                 de la gran naturaleza
                 varios efectos. Un día
                 sobre aquella parda sierra
                 vi una ave, que es sin duda   245
                 de todas las otras reina,
                 según lo ufana que vive,
                 y según lo alto que vuela.
                 Esta, sobre un verde nido
                 hecho de pajas y yerbas,   250
                 unos polluelos tenía,
                 a quien con su boca mesma
                 mantenía en cuanto estaban
                 desnudos de pluma. Apenas
                 vestidos los vio y con alas,   255
                 cuando, las piedades vueltas
                 en rigores, los echó

del nido, para que fuera
del discurso de su vida
la necesidad maestra.   260
Entre aquellos dos peñascos
(aun allí dura la quiebra)
una leona criaba
sobre pieles de otras fieras
unos cachorros, a quien   265
desangrada su fiereza
por los pechos mantenía,
hasta que cobrando fuerzas
los arrojó de sí misma,
tratándolos con soberbia,   270
para que ellos conociesen
lo que les daba en herencia.
Pues si una fiera y una ave
del lecho y el nido echan
a sus hijos, para que ellos   275
a vivir sin madre aprendan,
¿por qué tú, viéndome ya
con las alas que en mí engendra
el discurso y con el brío
que mi juventud ostenta,   280
no me despides de ti?
¿No me has contado tú mesma
que hay más mundo que estos montes,
más casas que aquesta cueva,
más gente que aquestos brutos,   285
más población que estas selvas?
Pues ¿por qué, madre, me quitas
la libertad, y me niegas
don que a sus hijos conceden
una ave y una fiera,   290
patrimonio que da el cielo

[al que ha nacido en la tierra]

Liríope   De que discurras, Narciso,
                 tan malamente me pesa,
                 porque me obligas a darte   295
                 de esas dudas la respuesta.
                 Yo lo haré, pero no ahora;
                 que antes que el Sol se oscurezca,
                 a cazar que comas quiero
                 salir: en dando la vuelta,   300
                 los peligros te diré
                 que amenazan tu belleza,
                 y las causas porque así
                 te he criado; que pues llegas
                 a tener ya entendimiento,   305
                 tú sabrás guardarte dellas.
                 Solo lo que ahora mi voz
                 con mis lágrimas te ruegan
                 es que no salgas de aquí
                 hasta que yo a verte vuelva.   310

Narciso   Yo te lo ofrezco con una
                 condición, y es que no venga
                 otra vez a mis oídos
                 aquella voz lisonjera
                 que escuché, porque será   315
                 mucho no irme tras ella,
                 si vuelve nadie a decir
                 con voz tan süave y tierna...

Él y Músicos   A los años felices de Eco,
                   divina y hermosa deidad de las selvas...   320

(Vase.)

20

Liríope   Llegó el día que temí,
                           pues ya declarar es fuerza
                           a Narciso los sucesos
                           de mi vida y de su estrella.
                           Dioses, dad ventura hoy   325
                           a las puntas de mis flechas;
                           que nunca más me importó
                           dar presto al albergue vuelta.

(Entran por una puerta, y sale Anteo por otra con venablo.)

Anteo   Solo un día que ha querido
                           cazar con más diligencia   330
                           el deseo, no ha topado
                           caza ninguna, aunque sea
                           penetrando las entrañas
                           desta confusa maleza,
                           que tarde o nunca ha sentido   335
                           de humanas plantas la huella,
                           no he de volver al lugar,
                           sin topar alguna presa
                           que se pueda dar a Eco,
                           pues vine en su nombre.

(Vuelve Liríope a salir.)

Liríope   Apenas   340
                           tímido conejo hoy corre,
                           cobarde perdiz hoy vuela.
                           Nunca viene más despacio
                           que cuando se busca apriesa
                           la caza.

Anteo   Entre aquellas ramas   345
                    ruido he sentido.

Liríope   Entre aquellas
                    hojas rumor he escuchado.

Anteo   En cualquier cosa que sea
                    la cuchilla he de dejar
                    deste venablo sangrienta.   350

Liríope   En lo que fuere he de ver
                    manchado el hierro a mis flechas...
                    pero un hombre es. ¡Ay de mí!
                    No dispares, tente, espera.

Anteo   Bien ha sido menester   355
                    oír pronunciar tu lengua
                    voz humana, para que
                    la acción al brazo suspenda.

Liríope   Y bien menester ha sido
                    verte a ti tan descubierta—   360
                    mente, para que el impulso
                    afloje al arco la cuerda.

Anteo   Humano monstruo, ¿quién eres?

Liríope   Soy una ignorada fiera
                    destos montes; y así, antes   365
                    que aquí más noticias tengas
                    de mí, vuélvete, porque
                    si dar otro paso intentas,
                    desde mi aljaba a tu pecho
                    verás volar las saetas   370

tan veloces, que ellas solas
se embaracen a sí mesmas.

Anteo   Si las señas no me mienten,
conocido he por tus señas
que eres el prodigio a quien   375
toda esta comarca tiembla.
Y así, aunque dos muertes juntas
aquí mi recelo tema,
la una de tus arpones,
la otra de tu extrañeza,   380
he de atropellarlas ambas;
porque no solo ya intenta
mi admiración apurar
quién, extraño monstruo, seas,
pero llevarte conmigo;   385
que he hecho a una zagala ofrenda
de lo que hoy cacé en el monte,
y será notable empresa
el ofrecerte a sus plantas,
y el asegurar la tierra.   390

Liríope   No desesperado intentes
tan grande acción, porque arriesgas
tu vida.

Anteo   Ya no es posible
dejar de intentarlo.

Liríope   Piensa
a lo que te atreves antes.   395

Anteo   No hay nada a que no me atreva
yo.

Liríope   Pues será a tanto riesgo
                 como el de morir.

Anteo   ¿Qué esperas?
                 Dispara.

Liríope   Sí haré. Mas ¡cielos!
                 Con la sobrada violencia   400
                 que alentar el tiro quise,
                 al arco rompí la cuerda.

Anteo   Sin duda, que yo consiga
                 esta victoria desean
                 los dioses.

Liríope   Pues si has vencido   405
                 mis desdichas, no mis fuerzas,
                 mil pedazos te haré antes
                 que segunda vez me venzas.

(Luchan los dos.)

Anteo   Mal sabes quién es el joven
                 que te lidia; que aunque fueras   410
                 leona destas montañas,
                 humillara tu soberbia.

Liríope   ¡Ay infelice de mí!
                 Ya que a tu valor sujeta
                 estoy, no me lleves sola;   415
                 que lleve conmigo deja
                 la otra mitad de mi vida.
                 ¡Narciso!

Anteo	Los labios cierra.
	No llames a quien te ampare,
	porque, sin que te defiendan,	420
	he de lograr esta dicha.

Anteo   Los labios cierra.
          No llames a quien te ampare,
          porque, sin que te defiendan, 420
          he de lograr esta dicha.

Liríope   ¡Narciso!

Anteo   ¡Calle tu lengua!

(Vanse los dos luchando, y sale Narciso.)

Narciso   La voz de mi madre he oído,
          que tristemente se queja
          llamándome. Si ella misma 425
          que no salga de la cueva
          me manda, ¿cómo me llama?

(Lejos Liríope.)

Liríope   ¡Narciso, adiós! Que me ausentan
          de ti mis hados.

Narciso   ¿Qué escucho?
          Pues, ¿cómo, madre, me dejas, 430
          diciéndome desde lejos,
          sin que yo donde estás sepa,
          que los hados han dispuesto
          hacer de mi amor ausencia?
          El día que te esperaba 435
          mi alma y vida más contentas,
          porque esperaban saber
          quién soy, y cómo me niegas
          la libertad, ¡solamente

vuelven tus voces, y aun esas   440
no cabales, pues el viento
me está quitando las medias!

(Lejos Liríope.)

Liríope   ¡Narciso, adiós!

Narciso   ¡Ay de mí!
¿Qué he de hacer sin ti en aquestas
montañas solo, ignorando   445
quién soy, y qué modo tengan
de vivir los hombres, pues
nada sino hablar me enseñas?
Y aun eso te perdonara
ahora, porque no tuvieran   450
en su abono las desdichas
el consuelo de las quejas.
Mi bien, mi madre, señora,
vuelve, vuelve a mí; no seas
tan ingrata que me dejes   455
a vivir entre estas peñas,
compañero de los troncos,
de sus brutos y sus fieras.
¿Qué enojo te he dado yo,
para que desta manera   460
huyas de mí? ¿No he vivido
siempre atento a tu obediencia?
¿Sé yo más de lo que tú,
madre, has querido que sepa?
Pues ¿para qué me castigas   465
con tan extraña sentencia?
¡Ay de mí! ¿Qué haré? La voz
hacia allí se oyó. Tras ella

iré, que no dudo que
mis lágrimas la detengan.   470
Ea, ¡adelantaos suspiros!,
decid que ya el llanto llega,
que le aguarde un breve instante,
que solo va a enternecerla.
Mas ¡ay triste!, que no sé   475
si el discurso acierta o yerra
en la elección de mis pasos,
que como es la vez primera
que de la cueva he salido,
no sé si yerra o acierta.   480
Dioses, mis plantas guiad;
cielos, socorred mis penas;
Sol, alumbra mis sentidos;
inclinad mi arbitrio, estrellas;
fieras, doleos de mí;   485
aves, repetid mis quejas;
montañas, dadme salida;
troncos, decidme la senda,
pues a un infeliz, a quien
su misma madre le deja,   490
justo será que le amparen
dioses, cielos, Sol, estrellas,
fieras, pájaros, montañas,
troncos, peñascos y selvas.

(Vase, y salen Febo, y Silvio asidos de una cinta, y Sileno, y los Músicos, y Eco
deteniéndolos, y Laura, y Sirene, y Libia.)

Febo   Antes perderé la vida   495
                  que no la cinta.

Eco   Mirad

que estoy hoy aquí.

Silvio   Tu beldad
me perdone, y no me impida
el quedar con el listón,
ya que habiéndose caído   500
de tu cabello, yo he sido
el que en aquella ocasión
le llegó a alzar el primero.

Febo   Amor nunca en sus favores
gradúa los acreedores;   505
y aunque llegase postrero,
le he de llevar.

Bato   ¿No advertís...

Febo   ¿Qué?

Bato   ...que es muy civil contienda
por un listón que en la tienda
a veinte maravedís   510
vale la vara, luchar?

Sileno   Si los dos habéis culpado
que mi prolijo cuidado
hoy me acuerde mi pesar,
diciéndome que no es día   515
de lágrimas el que veis,
¿cómo convertir queréis
en tristeza el alegría,
con que del templo volvemos?

Silvio   Como en cualquiera ocasión   520

28

los celos disculpas son,
aun de mayores extremos.

Eco

Oídme a mí, sin que tengáis
más contienda ni porfía.
Si el listón, por prenda mía,   525
tanto los dos estimáis,
advertid que no merece
hasta ahora esta estimación,
pues no es favor un listón
que el viento acaso os ofrece   530
de mi cabello volado;
que aunque yo no entiendo nada
de amor, la ocasión tomada
ha de ser, y el favor dado.
Y así, hasta que yo le dé,   535
no le tengáis por favor;
volvérmele a mí es mejor
que yo después le daré
de mi mano a quién quisiere,
que con mi gusto le tenga.   540

Febo

Aunque mi temor prevenga
que nunca esa dicha espere,
el listón te restituyo.

(Dásele.)

Silvio

Yo también, aunque no creo
que jamás vuelva el deseo   545
a verse con favor tuyo.

Bato

Si habértele vuelto aquí
es para que tú le des

al más galán, venga pues,
que claro es que es para mí.   550

Sirene   ¿Tú el más galán?

Bato   ¿Por qué no?
¿Qué me falta para sello,
sino que caigan en ello
hoy los demás como yo?

Silvio   Ya que a ti restitüido   555
ese iris de colores,
que con tantos resplandores
lisonja del viento ha sido,
habemos los dos, te pido
que cumpla tu beldad rara   560
hoy su palabra. Declara
para cuál de los dos es,
como ofreciste.

Febo   No des
igual sentencia, y repara
que si yo te le volví,   565
por obedecerte fue
solamente, y no porque
merecerle presumí
jamás; y siendo esto así,
que no le des te prevengo,   570
que a ser tan infeliz vengo
en amar y padecer,
que aun temo que he de perder
la esperanza que no tengo.

Silvio   Yo tampoco la he tenido,   575

que el haber yo deseado
ver mi dolor declarado,
más desconfianza ha sido,
que si a una duda rendido
tengo de morir, que acuda   580
es mejor mi fe desnuda
de su desengaño el daño,
por morir del desengaño
si he de morir de la duda.

Febo   Duda o desengaño infiero   585
             hoy precisos; y pues no
             es posible tener yo
             la ventura que no espero,
             vivir hoy dudoso quiero
             antes que desengañado,   590
             pues en mi infelice estado
             es lance menos penoso
             el ser en duda dichoso,
             que de cierto desdichado.

Silvio   Poco ama aquel que, en su engaño   595
             consolado, de su dama
             no ama el favor.

Febo   Menos ama
             quien no teme un desengaño.

Silvio   La duda es dolor extraño.

Febo   Ese quiero padecer.   600

Silvio   Querer dudar no es querer.

Febo   Querer saber no es amar.

Silvio   Pues yo no quiero dudar.

Febo   Pues yo no quiero saber.

Eco   Vós que me declare, y vós   605
                        que calle solicitáis,
                        y yo en la duda en que estáis
                        he de igualar a los dos.
(Aparte.)   (Deme, pues, el ciego dios
                        industria para que aquí   610
                        hable y calle. Solo así
                        el callar y hablar se infiere.)
                        El listón daré al que hiciere
                        mayor fineza por mí.

Febo   Yo aceto la condición,   615
                        y solamente pudiera
                        ser esa la que pusiera
                        alas a mi presunción.
                        Fundolo en esta razón;
                        el merecer no está en mí,   620
                        y en mí está el servir; y así
                        puedo esperanza tener,
                        pues no está en mí el merecer
                        y el hacer finezas sí.

Silvio   Yo la condición no acepto,   625
                        porque si tan feliz fuera
                        que hacer finezas pudiera,
                        no las guardara a este efecto.
                        Nada un amor que es perfecto
                        reservó: siendo esto ansí,   630

bien la condición temí;
pues mi corazón constante
no podrá hacer adelante
más de lo que ha hecho hasta aquí.

(Salen Anteo y Liríope.)

Anteo

Eco hermosa, a quien el cielo   635
dotó de tantos favores;
bellas zagalas, pastores,
honor del arcadio suelo,
vivid, vivid sin recelo
de aquel monstruo que con tantas   640
penas os asombró, que tantas
veces le visteis, pues ya
humilde y tendido está
besando de Eco las plantas.
En su nombre al monte fui,   645
y en el monte le encontré;
no es la admiración el que
os le haya traído aquí;
no el verle cubierto así
de cabello, no el andar   650
es lo que os ha de admirar;
sino el oírle hablar, que tiene
nuestra humana voz, que viene
a hacerle más singular.
Preguntadle, hablad con él,   655
que a todos responderá.

Eco

Si hablar sabes, dinos ya
quién eres, monstruo crüel.

Febo

Respóndanos tu horror fiel

| | cuánto su esclavitud siente. | 660 |

| Silvio | ¿De qué especie diferente |
| | eres? |

| Sileno | ¿Sabes dónde estás? |

| Liríope | Pues no puedo callar más, |
| | escuchadme atentamente. |

Yo, pastores de la Arcadia,   665
no soy, como presumís,
monstruo irracional, que soy
una mujer infeliz;
si bien no ha sido el engaño
muy notable, si advertís   670
que solo para ser monstruo
de la fortuna nací.
Estos valles, que están siempre
de un matiz y otro matiz
llenos, porque todo el año   675
no saben más que el abril,
fueron mi primer cuna:
ipluguiese a ese azul viril,
que tumba, y [no] cuna, hubiesen
sido entonces para mí!   680
Joven, mi hermosura apenas
empezaba a descubrir
en mis primeras auroras
algún agrado gentil,
cuando a descubrir también   685
empezó (esto permitid
que diga) que no vio el Sol
una hermosura feliz.
Céfiro, un galán mancebo

(hijo del viento sutil,   690
por el nombre, que su padre
debió de llamarse así),
me vio en el prado una tarde,
y enamorado de mí,
a entender me dio su amor   695
cortésmente; que el carmín
respondió de mis mejillas,
parlero no, mudo sí.
Desde allí mi sombra fue,
y yo su luz desde allí,   700
pues no hice más que abrasar,
y él no hizo más que seguir.
¡Oh cuántas veces, oh cuántas
dar a los vientos le vi,
suspiros de ciento en ciento,   705
lágrimas de mil en mil,
sin que el buril ni la lima
del porfiar y el asistir,
pudiesen labrar mi pecho,
porque era diamante, en fin   710
defendido aun a las mellas
de la lima y del buril!
Desesperado su amor
de no poder conseguir
mi amor, y desesperado   715
de padecer y sentir,
una tarde que al ejido
apacentando salí
una manada de blancos
corderillos, que entre sí   720
retozando celebraban
la libertad del redil,
a mi Céfiro llegó,

y abrazándose de mí,
bien como al muro la yedra,   725
bien como al olmo la vid,
dijo: «Lo que no han podido
rendimientos conseguir,
consíganlo las violencias».
Y en este instante (¡ay de mí!)   730
el Céfiro arrebató
a los dos con tan sutil
movimiento, que a las nubes
volar sin alas me vi;
que como era padre suyo,   735
por no mirarle morir
de amor, le prestó sus alas:
¡Mirad qué piedad tan vil!
¿Quién vio contienda de amor
tan nueva, pues bien así   740
volábamos los dos como
la temerosa perdiz
en las garras del azor,
la garza en las del neblí?
Viéndome desvanecer   745
al solicitar medir
la distancia de la tierra,
los ojos cerré, y me así
al traidor hijo del viento.
¡Ah, qué abrazo es tan rüin   750
el que la necesidad
hace dar y no sentir!
Desta suerte, pues, conmigo
llegó el velero adalid
del yate a esa cumbre altiva,   755
a quien todo ese turquí
globo con su peso está

agobiando la cerviz.
Hay en sus duras entrañas
una oscura cueva. Aquí   760
de los piélagos vacíos
el humano bergantín
tomó puerto, a quien salió
un anciano a recibir.
Después os diré quién era,   765
porque ahora es fuerza decir
que honestando la traición
con la disculpa civil
de amor, que aun el enojar
es en nosotras servir,   770
llegó... Entendedlo vosotros,
y a mi vergüenza suplid
cosas, que para saberse
no se han menester oír.
¿Quién creerá que tan extraño   775
principio de amor su fin
tan cerca tuviese, que
su nacer fue su morir?
Todos lo creed; que apenas
coronada de jazmín   780
salió otra aurora (no sé
si a llorar o si a reír),
cuando, ausente de mis brazos,
más a Céfiro no vi.
¿Qué hay que esperar del que finge   785
si el que ama procede así?
En poder de aquel anciano
caduco quedé... Ahora oíd
con más atención, porque
empieza otro caso aquí   790
no menos extraño. Este

Tiresias era el sutil
mágico que tantas veces
habréis oído decir
que asombraba con su ciencia   795
a los dioses, pues así
a ese encuadernado libro
de once hojas de zafir
le leía los secretos,
que muchas veces le vi   800
los futuros contingentes
anunciar y presumir.
¡Cuántas veces eclipsó
al Sol puesto en su cenit,
y cuántas resplandecer   805
le hizo desde su nadir!
¡Cuántas a la blanca Luna
la vistió de carmesí,
y cuántas a las estrellas
las vistió el oro de Ofir!   810
Porque se quiso igualar
a Júpiter, él allí
ciego y preso le tenía.
Consideradme ahora mí
presa allí y ciega también,   815
aborreciendo el vivir,
y las lástimas veréis,
con que mis penas sentís.
Sola una utilidad pudo
mi soledad adquirir,   820
que fue saber los sucesos
que de su ciencia aprendí,
principalmente en las causas
naturales a quien fui
más inclinada. No hay piedra,   825

flor, yerba ni hoja, que en fin
su naturaleza niegue...
Pero esto no es para aquí.
Un día, pues, aquel caduco
esqueleto me habló así: 830
«Yo he hallado por mis estudios
que ya el término cumplí
de mis alientos: hoy es
cuando tengo de morir.
No tengo que te dejar,   835
¡oh compañera gentil!,
de mis fortunas, si no es
lo que te voy a decir.
Encinta estás, un garzón
bellísimo has de parir.   840
Una voz y una hermosura
solicitarán su fin
amando y aborreciendo;
Guárdale de ver y oír».
Yo, viendo del vaticinio   845
ya los anuncios cumplir
en el parto y la belleza,
todo lo demás temí:
y así, sin querer jamás
de aquella cueva salir,   850
asegurando a Narciso
de sus peligros, viví
criándole, sin que llegase
a saber ni a discurrir
más de lo que quise yo   855
que él alcanzase, y en fin,
sin que otra persona viere
humana, sino es a mí.
Esta es la causa porque

viéndome tal vez huir   860
por el monte los pastores,
escándalo suyo fui.
Mas ya que ha querido el cielo
mis secretos descubrir,
rendida de aqueste joven,   865
todos conmigo venid
por mi hijo, pues es fuerza
ya entre vosotros vivir.
Fuera de que ya el discurso
suyo le empieza a afligir   870
y no dudo que su pena
le acabe al verse sin mí.
Y para que me creáis
todo cuanto os repetí,
por si oístis alguna vez   875
mi suceso referir,
y hay alguna entre vosotros
que ahora se acuerde de mí;
yo, que en los inquietos mares
de la fortuna corrí   880
tan graves tormentas; yo,
que al nunca mudo clarín
de la fama voladora
tantos asuntos le di;
yo, que al teatro del mundo   885
cómica tragedia fui;
yo, ejemplo del padecer;
yo, epílogo del sentir;
yo, cifra del suspirar,
del llorar y del gemir,   890
la hija soy de Sileno,
Liríope la infeliz.

Sileno	¡Ay hija del alma mía!
	Deja que una vez y mil
	tu cuello enlace. Yo soy 895
	Sileno, y pues merecí
	a la que muerta lloré,
	viva abrazar, ver y oír,
	venga la muerte, pues ya
	no tengo más que vivir. 900

Sileno
   ¡Ay hija del alma mía!
   Deja que una vez y mil
   tu cuello enlace. Yo soy   895
   Sileno, y pues merecí
   a la que muerta lloré,
   viva abrazar, ver y oír,
   venga la muerte, pues ya
   no tengo más que vivir.   900

Liríope
   Humilde a tus pies estoy,
   aunque la vergüenza aquí
   me embaraza mucha parte
   del contento que hay en mí.

Eco
   Los brazos albricias vean   905
   de suceso tan feliz.

Febo
   Aquí más dice el callar
   que el decir puede decir.

Silvio
   Con bien, Liríope, vuelvas
   a esta campaña gentil.   910

Bato
   Yo, hasta veros desollada
   del pellejo que vestís,
   aún no me atrevo abrazaros.

Anteo
   Dichoso mil veces fui,
   pues traer tanta alegría   915
   puede al valle conseguir.

Liríope
   Mayor será cuando todos
   veáis a mi hijo, en quien sutil
   esmeró naturaleza

| | sus perfecciones. Venid | 920 |
conmigo a la cueva donde
me espera: hallaréis allí
bruto el más bello diamante,
y tosco el mejor rubí.

(Salen.)

[Sileno]   Guía, Liríope mía.   925

Eco   Todos habemos de ir
juntos.

Febo   ¿Quién se quedará
sin ver deste caso el fin?

Bato   Yo, que si no hay que fiar
de una mujer mansa, di,   930
¿qué habrá que fiar de aquesta
tan montaraz y cerril?

Silvio   Vamos todos.

Todos   Vamos todos.

Liríope   Vamos, mis pasos seguid.
Narciso, no te entristezca   935
mi ausencia, ya voy tras ti.

Fin de la primera jornada

Jornada segunda

(Salen todos los del templo que acabaron la primera jornada.)

Liríope   Mil veces infeliz fui.

Febo   Oye.

Sileno   Aguarda.

Eco   Escucha.

Sileno   Espera.

Nise   Mira.

Anteo   Advierte.

Sirene   Considera.

Liríope   No hay consuelo para mí,
          habiéndome sucedido   5
          una desdicha tan nueva,
          pues Narciso de la cueva
          falta. Jamás ha salido
          della, sino solo hoy,
          y ya su muerte recelo.   10
          ¡Narciso! ¡Narciso! Al cielo
          en vano estas voces doy.
          Sin duda, el haber tardado
          tanto el venir aquí yo,
          de la cueva lo sacó.   15
          ¡Oh, máteme mi cuidado!

Anteo

No te aflijas, que pues él
en este monte ha de estar,
yo te lo sabré buscar.

Todos

Todos iremos.

Liríope

                   Crüel   20
fortuna ha sido la mía.
¡Narciso! Yo estoy mortal.

Sileno

¡Ay dioses!, ¿cuándo cabal
sucederá una alegría?

Silvio

Discurriendo el monte vamos   25
llamándole, pues será
cierto el responder.

Liríope

                   No hará;
porque si así le buscamos,
él, que nunca gente vio,
más es fuerza que se esconda,   30
que no a las voces responda.
Mas oíd lo que pensó
mi ingenio: para que venga
buscándonos, ha de haber
una industria.

Todos

               ¿Qué ha de ser?   35

Liríope

No hay cosa que con él tenga
más fuerza para atraelle,
que oír música; y siendo así
divididos desde aquí,
cantando para movelle   40

todos id.

Febo	Con Laura esta falda al monte correré.
Silvio	Y yo con Sirene iré penetrando esta floresta.
Anteo	Yo con Silvia, hasta la cumbre 45 de ese monte he de subir.
Sileno	Yo con Eco he de medir su más alta pesadumbre.
Bato	Y yo con Nise también, he de entrar a ese jaral, 50 y si cantáremos mal, por Eco aullaremos bien.
Liríope	Yo sin ley y sin aviso por todas partes iré. Cada uno cante lo que 55 sepa. ¡Narciso! ¡Narciso!
Laura (Canta.)	Pues del monte la falda tocó a mis voces, díganme de Narciso, fuentes y flores.
Nise (Canta.)	Pues a mí de las selvas tocó lo alegre, de Narciso me digan flores y fuentes. 60
Sirene (Canta.)	Pues tocó a mi acento medir la cumbre, díganme de Narciso sombras y luces.
Eco (Canta.)	Y pues a mi afecto los riscos tocan,

de Narciso me digan luces y sombras.

Laura   ¡A la falda!

Nise   ¡A la selva!   65

Sirene   ¡A la cumbre!

Eco   ¡Al risco!

Liríope   Oiga a todos y todas decir... ¡Narciso!

Música   ¡Narciso! ¡A la falda, a la selva, a
                           la cumbre, al risco!

(Vanse y sale Narciso.)

Narciso   Aunque la süave voz   70
                           de mi madre me parece
                           que oigo, sombra es que me ofrece
                           sin cuerpo el aire veloz;
                           pues hallarla no he podido,
                           por más que al monte he bajado.   75
                           Ya el aliento me ha faltado,
                           aquí moriré rendido
                           al cansancio, aunque no es
                           él el que más me fatiga,
                           sino la sed; y así diga   80
                           de aquella agua el ruido, pues
                           para darme alivio, diciendo corre...

Laura (Canta.)   Díganme de Narciso fuentes y flores.

Narciso   Pero ¿qué voz es esta que me suspende?

Nise   Díganme de Narciso flores y fuentes.   85

Narciso   Como ya en dos partes quiere que escuche...

Sirene   De Narciso me digan sombras y luces.

Narciso   Y aun en tres, supuesto que dice esotra...

Eco   Díganme de Narciso luces y sombras.

Narciso   Por seguir a todas ninguna sigo.   90

Todos   ¡A la falda, a la selva, a la cumbre, al risco!

Liríope   Oiga a todos y todas decir: ¡Narciso!

Narciso   ¿Cómo, si a mí me llamáis,
         sonoras hermosas voces,
         volvéis huyendo veloces,   95
         y no solo no le dais
         un alivio a mi sentido,
         mas trocándole en agravio,
         me embarazáis el del labio,
         por irme tras del oído?   100
         Y pues de vosotras mal
         puedo percibir las señas,
         el ruido que entre estas peñas,
         no menos dulce el cristal
         hace, su aliento me dé,   105
         siendo la primera vez esta
         que afán el llegar me cuesta
         al agua; pues no dejé
         nunca la cueva hasta hoy,

donde un alcornoque era   110
taza menos lisonjera
de la que mirando estoy
guarnecida de yerbas y flores, donde...

Laura   Díganme de Narciso fuentes y flores.

Narciso   Mas la voz a pararme, diciendo vuelve...   115

Nise   De Narciso me digan flores y fuentes.

Narciso   Si es que a mí me buscas, ¿por qué me huyes?

Sirene   Díganme de Narciso sombras y luces.

Narciso   Pues que no me alivias, ¿por qué me estorbas?

Eco   Díganme de Narciso luces y sombras.   120

Liríope   Repitiendo a un tiempo tonos distintos,
                       oiga a todos y a todas decir: ¡Narciso!

Narciso   Pues a todos escucho, y a nadie veo,
                       vuelvo al agua. Mas ¿cómo si oigo este acento?

Laura (Canta.)   Es el engaño traidor,   125
                           y el desengaño leal,
                           el uno dolor sin mal
                           y el otro mal sin dolor.

Narciso   Solo aquella voz pudiera
                       ser rémora de un sediento.   130
                       Seguir quiero de su acento
                       la música lisonjera.

Nise (Canta.)
    Si acaso mis desvaríos
llegaren a tus umbrales,
la lástima de ser males   135
quite el horror de ser míos.

Narciso
    Pero más cerca desta suena,
aunque una y otra me encanta;
y aquella tan dulce canta,
mas esotra me enajena   140
de mí mismo, porque tiene
más agrado y más dulzura.
Por esta verde espesura
el buscarla me conviene.

Sirene (Canta.)
    Ven, muerte, tan escondida   145
que no te sienta venir,
porque el placer del morir
no me vuelva a dar la vida.

Narciso
    En lo alto de aquellas peñas
otra dulce voz sonó,   150
que nuevamente borró
de las pasadas las señas.

Eco (Canta.)
    Solo el silencio testigo
ha de ser de mi tormento,
y aun no cabe lo que siento   155
en todo lo que no digo.

Narciso
    ¡Válgame el cielo! Esta sí
que es reina de todas ellas,
que aunque por dulces y bellas
juzgué las que hasta ahora oí,   160

con más fuerza ha suspendido
esta con mayor empeño.
¡Qué hermoso será su dueño,
pues vence por el oído
dos afectos, que en rigor   165
son con fuerza desigual...!

Laura (Canta.)   El uno dolor sin [mal,
                        y el otro mal sin dolor.]

Narciso   Voz que postrando mis bríos,
                        mis males creces mortales...   170

Nise (Canta.)   La lástima de ser males,
                        [quite el horror de ser míos.]

Narciso   No quisiera ver rendida
                        la vida a tanto sentir...

Sirene (Canta.)   Porque al placer [del morir   175
                        no me vuelva a dar la vida.]

Narciso   Lo que siento, mal me obligo
                        a que lo diga mi aliento...

Eco (Canta.)   Y aun no cabe [lo que siento
                        en todo lo que no digo.]   180

Narciso   En mil partes divididos
                        mis cuidados, son despojos
                        del viento. Ved algo, ojos,
                        o no escuchéis tanto, oídos.

(Canta cada uno su copla, y sale Eco.)

Eco   Hacia aquesta parte yo   185
                        he de penetrar lo ameno
                        destas intrincadas breñas,
                        una y otra vez diciendo...
(Canta.)   Solo el silencio testigo
                           [ha de ser de mi tormento,   190
                           y aun no cabe lo que siento
                           en todo lo que no digo.]

Narciso   Pájaro destas montañas,
                        que con süaves acentos
                        tan sonoramente eres   195
                        dulce confusión del viento;
                        si entre el oído y el labio,
                        dudoso, absorto y suspenso
                        me vi, sin saber quién es
                        mi más poderoso afecto,   200
                        pues el oír el cristal
                        que me llamaba sediento,
                        sediento también me llama
                        el aire que a beber vuelvo.
                        ¿Cómo de una sed y otra   205
                        tanto has trocado el afecto,
                        que en vez que labios y oídos
                        beban agua y aire, has hecho
                        que beban fuego los ojos,
                        y tan venenoso fuego,   210
                        que para explicarle es fuerza
                        pensar que en tu estilo mesmo...

Eco   Solo el silencio testigo
                           [ha de ser de mi tormento,
                           y aun no cabe lo que siento   215

en todo lo que no digo.]
Bruto diamante, que mal
pulido de ese grosero
tosco traje, brillar dejas
el alma que ocultas dentro;   220
no menos suspensa yo
quedé al mirarte, supuesto
que absorta, helada y confusa,
solo a responderte acierto
con lo mismo que cantaba.   225

(Canta.)   Y aun no cabe lo que siento
en todo lo que no digo.

Narciso   Parecidas, según eso,
son nuestras dos suspensiones,
tanto, que los dos diremos,   230
tú, por si a mí me respondes,
yo, por si a ti me parezco...

(Cantan los dos.)   Solo el silencio [testigo
ha de ser de mi tormento,
y aun no cabe lo que siento   235
en todo lo que no digo.]

Narciso   ¿Quién eres?

Eco   Una mujer.

Narciso   La segunda eres que veo,
y aun la primera pudiera
decir, pues a lo que entiendo   240
no era mujer para mí
la primera que vi, puesto
que en mi pecho no encendió
nunca tan activo fuego

	como tu voz y tu vista	245
	han encendido en mi pecho.	
	¿Adónde vas por aquí?	

Eco	A solo buscarte vengo,	
	y con desear hallarte,	
	estimara, a lo que pienso,	250
	no haberte hallado, porque	
	hoy en ti, más que hallo, pierdo.	

| Narciso | ¿Conocíasme? | |

| Eco | Yo no. | |

Narciso	Pues ¿cómo en este desierto	
	a quien no conoces buscas?	255
	¿Úsase en el mundo eso	
	de que busquen las mujeres	
	a quien no conocen?	

Eco	Presto	
	la causa que me ha traído	
	sabrás.	

| Narciso | Dila, pues. | |

| Eco | ¡Sileno! | 260 |

| Narciso | ¿A quién llamas? ¿Qué pretendes? | |

| Eco | ¡Febo, Bato, Silvio, Anteo! | |

| Narciso | Tú quieres matarme, como | |
| | si ya no me hubieras muerto. | |

| Eco | ¡Sirene, Liríope, Nise! | 265 |

Venid todos a este puesto,
que ya yo he hallado a Narciso.

(Salen todos.)

Silvio   Llamado de tu voz vengo.

Anteo   De tu voz vengo traído.

Sileno   Alas me ha dado tu acento.   270

Febo   Aquí Eco hermosa llamaba.

Sirene   Pues todos llegan, lleguemos.

Narciso   ¿Tanta gente hay en el mundo?

Liríope   ¡Felice yo que te veo!

Narciso   Pues ¿cómo, madre, a buscarme   275
vienes con todos aquestos?

Sileno   Pedazos del corazón,
dadme los brazos.

Narciso   Teneos,
y si me ha de abrazar alguien,
sea aquella que estoy viendo,   280
quien es, me di, y lo que intentas,
madre, porque estoy suspenso,
tan notables diferencias
de rostros y trajes viendo.

| Liríope | Despacio sabrás tu historia. | 285 |

Sileno	Dices bien, que ahora no es tiempo
	de detenernos aquí.
	Juntos al valle bajemos:
	allá mudarás de traje
	y oirás todos tus sucesos,	290
	hermoso Narciso mío.

Febo	Perdonadme mi atrevimiento,
	Sileno, y dadme licencia
	para dar al zagalejo,
	mientras vós le hacéis vestido,	295
	un pellico, que por nuevo
	irá con mejor disculpa.

| Sileno | La merced os agradezco. |

Febo	Yo me adelanto a enviarle,
	y desocupado desto,	300
	amor, intenta finezas
	que hacer por su hermoso dueño.

(Vase.)

| Silvio | Dadme liciones de cómo |
| | obligue un desdén, deseos. |

(Vase.)

| Sileno | ¡Dichoso yo, que he vivido | 305 |
| | hasta haber mirado esto! |

(Vase.)

Anteo   Dicha he tenido en ser yo
               deste acaso el instrumento.

(Vase.)

Liríope   Sigue, Narciso, mis pasos,
               que ya no es patria el desierto.   310

Narciso   Muchas cosas he admirado,
               pero una sola me he muerto.

(Vase.)

Eco   Mas, que según son las penas
               que dentro del alma siento,
               vienen a ser nueva historia   315
               del mundo Narciso y Eco.

(Vase.)

Bato   ¡Ah Sirene!

Sirene   ¿Qué me quieres?

Bato   Algo es lo que te quiero,
               para que sepas en algo
               el mal gusto que yo tengo.   320

Sirene   Peor le tuviera yo,
               si te quisiera a ti.

Bato   Niego

que, cada cosa en su tanto,
todo es malo y nada es bueno.
Pero esto aparte, entre tanto   325
que a nuestros amos siguiendo
vamos; ¿tú no me dirás
una verdad?

Sirene   Yo la ofrezco.

Bato   No la cumplirás, que no
estás enseñada a hacerlo.   330
Pero vaya. Yo, Sirene,
soy muy grande majadero.

Sirene   Grandísimo.

Bato   ¡Voto al Sol,
que ahora he caído en ello,
desde que estó viendo cosas,   335
que son cosas que estó viendo
sin entenderlas, Sirene!

Sirene   ¿Qué cosas?

Bato   Pues, ¿hay suceso
tan extraño, como haberse
hallado hoy mi amo Sileno   340
aquí una hija salvaje,
con un salvajito nieto,
y haberme de ir yo ahora
a casa a vivir con ellos?

Sirene   Pues eso ¿qué importa?, di.   345

Bato   Tú no sabes, según eso,
            lo que [es] tratar con salvajes.

Sirene   Bato, no lo son aquestos,
            sino una mujer y un hombre.

Bato   Esos, a lo que yo entiendo,   350
            son los peores salvajes,
            la vez que llegan a serlo.

Sirene   Pues ¿has visto tú en tu vida
            garzón más hermoso y bello
            que Narciso?

Bato   Ya estarás   355
            caprichosa; mas no es nuevo
            agradarse de salvajes
            las mujeres.

Sirene   ¡Oh mal fuego
            en tu lengua! ¿Qué mujer
            se ha llegado agradar dellos?   360

Bato   ¿Qué mujer? Todas aquellas
            que iré, Sirene, diciendo.
            Mujer hay que se enamora
            de un disciplinante, viendo
            que es tan gran salvaje que   365
            a sí mesmo se da recio.
            Mujer hay que se enamora
            de un volatín, no atendiendo
            que es tan gran salvaje que
            anda en aire habiendo suelo.   370
            Mujer hay [que] se enamora

de un toreador, advirtiendo
que es tan gran salvaje que
espera a otro cuerpo a cuerpo.
Mujer hay que se enamora   375
de un danzante, conociendo
que es tan gran salvaje que
se muele a compás los huesos.
Mujer hay que se enamora
de uno que esgrima, sabiendo   380
que es tan gran salvaje que
pone sus ojos a riesgo.
Mujer hay que se enamora...

Sirene   Tente, que saber no quiero
                más.

Bato   Pues ahora empezaba.   385

Sirene   Divertidos, en efecto,
                con tus locuras, al valle
                hemos llegado.

Bato   Y habiendo
                dejado en casa a los dos,
                se va el acompañamiento.   390

Sirene   Cada uno a su ganado
                querrá acudir.

Bato   Si no es Febo,
                que a la soledad se vuelve.

(Sale Febo.)

Febo]   Sirene, a buscarte vengo.

Sirene   ¿En qué puedo yo servirte?   395

Bato   Yo por no estorbar me ausento,
          y también por ir a ver
          qué hacen los huéspedes nuevos.

Febo   Pues nadie, Sirene, ignora
          en el valle la firmeza,   400
          con que la rara belleza
          de Eco mi atención adora,
          no habré menester ahora
          repetirle, y pues aquí
          estabas cuando (¡ay de mí!)   405
          un favor depositó
          para una fineza, yo
          le pienso ganar por ti,
          Sirene, supuesto que eres
          hoy tú la zagala a quien   410
          Eco ha querido más bien,
          y en tu gracia te prefieres,
          si dar vida a un muerto quieres,
          procura saber en qué
          más agradarte podré;   415
          que las finezas no son
          de mayor estimación,
          por grandes, Sirene, que
          por la ocasión en que llegan.

Sirene   No tienes que decir más.   420
          Cuanto yo sepa, verás
          que mis labios no te niegan.

Febo   Eso mis ansias te ruegan.

Sirene   Ya te digo que lo haré,
                        y nada te callaré.   425

(Vase.)

Febo   ¿Quién mayor tormento alcanza,
                        que el que ama sin esperanza
                        a una hermosura sin fe?
                        Apenas el invierno helado y cano
                        este monte con nieves encanece,   430
                        cuando la primavera le florece,
                        y el que helado se vio, se mira ufano.
                        Pasa la primavera, y el verano
                        los rigores del Sol sufre y padece.
                        Llega el fértil otoño, y enriquece   435
                        el monte de verdores, fruta el llano.
                        Todo vive sujeto a la mudanza.
                        De un día y otro día a los engaños
                        cumplen un año, y este al otro alcanza.
                        Con esperanza sufre desengaños   440
                        un monte, que a faltarle la esperanza,
                        ya se rindiera al poso de los años.

(Sale Liríope y Narciso.)

Liríope   ¿Has estado atento?

Narciso   Sí,
                        y todo cuanto me has dicho
                        en la memoria lo tengo   445
                        y en el corazón escrito.
                        Y para que lo conozcas,

                                      el haber, madre, nacido
                                      en los montes, y el haber
                                      criádome en tal retiro,   450
                                      todo para en que yo tengo
                                      en las estrellas previsto
                                      que una voz y una hermosura,
                                      con efectos distintos,
                                      amando y aborreciendo,   455
                                      son mis mayores peligros.

Liríope   Pues haz por guardarte dellos,
                                      considerando, Narciso...

Narciso   ¿Qué?

Liríope   Que tú solo no más
                                      podrás guardarte a ti mismo.   460

Narciso   De todo advertido ya,
                                      licencia, madre, te pido
                                      para ir a ver por el valle,
                                      lo que otras veces he visto.
                                      Sepa yo de los pastores   465
                                      los diversos ejercicios,
                                      el modo de apacentar
                                      los ganados, el estilo
                                      de las labranzas del campo;
                                      y ya que libre me miro,   470
                                      débales algo a los ojos
                                      hoy mi natural instinto,
                                      que no todas las noticias
                                      deber tengo a los oídos.

Liríope   Aunque con algún temor   475

la licencia te permito;
mas porque no vayas solo,
quiero que vaya contigo
un criado de mi padre,
que te informe y te dé aviso   480
de todo. ¡Bato!

(Sale Bato.)

Bato   Señora.

Liríope   Hoy de tu despejo fío
mi temor. Narciso quiere
ir a ver todo el ejido,
y conocer los pastores   485
de aqueste valle vecinos.
Llévale por ahí, y dél
no te apartes. Advertido
escucha, Bato, lo que
a solas aquí te digo.   490
No le dejes con ninguna
zagala hablar.

Bato   No me obligo
a esto solo, porque es
muy desapacible oficio
el estorbador, y yo   495
a lo contrario me inclino.
Mas en fin es hacer gusto,
y muero por ser bienquisto.

Liríope   Tú harás lo que yo te encargo.
¡Mejorad, dioses divinos,   500
del hado las amenazas!

(Vase.)

Bato

Buena comisión ha sido
la que tu madre me ha dado.
¿Quién en el mundo habrá visto
que los Batos ayos sean?   505

Narciso

Ea, vamos, Bato amigo,
discurriendo todo el valle.

Bato

Discurramos.

Narciso

                      ¿Qué edificio
es aquel?

Bato

                      ¿Aquel? Un templo
de Apolo, eminente y rico.   510

Narciso

Es muy justo que los dioses
tengan lugar más altivo,
que aun en lo material deben
ser al hombre preferidos.
El haber mirado estimo   515
el edificio dorado
entre los demás pajizos.

Anteo (Dentro.)

Yo os pondré en paz, voto [al Sol]
si la honda me desciño.

Narciso

¿Qué es aquello?

Bato

                      Están lidiando   520
allí dos fuertes novillos

de Anteo, y él los desparte
con la honda y con el silbo.

Narciso   ¿Quién es Anteo?

Bato   Un zagal
el más valiente que ha habido   525
en toda Arcadia.

Narciso   ¿Y qué es
ser valiente?

Bato   Haberlo él dicho.

Narciso   ¿Cúyo ha sido aquel rebaño?

Bato   Si has de matarme, Narciso,
a pescudas, ¿no es mijor   530
tomar aqueste cochillo
y degollarme con él,
que con el de palo?

Narciso   Digo
que no preguntaré más.
¿Cúyo aquel rebaño ha sido,   535
que de ese monte a ese valle
desciende en tan excesivo
número, que tras sí trae
descabellados los riscos?

Bato   De Febo, que es el pastor   540
más discreto y entendido
que tiene toda la Arcadia.

Narciso   ¿Y en qué, dime, ha consistido
               el ser entendido un hombre?

Bato   En dar otros en decirlo,   545
               porque una misma razón
               dicha de dos, ya se ha visto
               ser en el uno agudeza
               y en el otro desatino.

Narciso   ¿Y aquel ganado que llega,   550
               amenazándole al río,
               que ha de agotar su corriente?

Bato   ¿Quién me ha encontrado contigo?
               De Silvio, que es el pastor
               más galán.

Narciso   ¿Y en qué ha caído   555
               ser galán?

Bato   En parecerlo,
               siendo al uso talle y brío.

Narciso   Pues ¿hay usos en los talles?

Bato   Sí. Yo me acuerdo haber visto
               usarse un año a los pechos   560
               y otro año a los tobillos:
               y esto no es mucho, que en fin
               consistía en los vestidos.
               Mas en las caras me acuerdo
               el tener usos distintos   565
               las mujeres.

Narciso   ¿En las caras,
                    qué naturaleza hizo
                    uso?

Bato   Un tiempo que se dieron
                    en usar ojos dormidos,
                    no había hermosura despierta,   570
                    y todo era mirar bizco.
                    Usáronse ojos rasgados
                    luego, y dieron en abrirlos
                    tanto, que de temerosos,
                    se hicieron espantadizos.   575
                    Las bocas chicas, entonces,
                    era de lo más valido,
                    y andaban por estas calles
                    todos los labios fruncidos.
                    Dieron en usarse grandes,   580
                    y en aquel instante mismo,
                    se desplegaron las bocas,
                    y dejando lo jarifo
                    de lo pequeño pusieron
                    su perfección en limpio   585
                    de lo grande, hasta enseñar
                    dientes, muelas y colmillos.

Eco (Canta.)   Pues el Sol y el aire
                    turban mi color,
                    hécelo de envidia   590
                    el aire o el Sol.

Narciso   ¿Quién es esta, que un rebaño
                    trae de blancos corderillos,
                    dando a entender que se dejan
                    apacentar los armiños?   595

Bato   Esta es Eco, la más bella
                zagala que el Sol ha visto.

Narciso   ¿Qué será que al verla yo
                pierdo todos mis sentidos,
                y este pesar que me hace   600
                se le agradezco y estimo,
                dejándome engañar dél,
                creyendo que es regocijo?

Bato   A la fe, que esos extremos
                de amor son. De resistirlos   605
                trata al principio, porque
                solo podrás al principio.

Eco (Canta.)   Pues el Sol y el aire
                    [turban mi color,
                    hécelo de envidia   610
                    el aire o el Sol.]

Narciso   Si una voz y una hermosura
                me amenazan con castigo,
                de su hermosura y su voz
                huyamos, Bato.

(Sale Eco y Sirene.)

Eco   Narciso...   615

Narciso   Hermosa zagala.

Eco   Mucho
                verte en este traje estimo.

¿Cómo te parece el valle?
¿No es más ameno este sitio
que el monte donde naciste?   620

Narciso   Si en él tu belleza admiro,
no solo mejor que el monte,
mejor será que el Eliseo.
Mas quédate. Adiós.

Eco   ¿Por qué
te vas tan presto?

Narciso   Imagino   625
que me importa el ausentarme.

Eco   ¿Cómo?

Narciso   Como habiendo sido
una voz y una hermosura
mis dos mayores peligros,
y concurriendo en ti entrambos,   630
el huir de ti es preciso;
que es un encanto tu voz
y tu hermosura un hechizo.

(Vase.)

Bato   Criarse quiere este muchacho.

Eco   Sirene, ¿qué es lo que miro?   635
¿Zagal hay que, al darle yo
ocasión, tiemblo el decirlo,
de hablar conmigo, se ausenta,
huyendo de hablar conmigo?

Y aun no extraño tanto, no,   640
que él pueda, pierdo el sentido,
consigo acabarlo, como
que yo no pueda conmigo,
viéndole ausentar de mí,
acabar de no sentirlo.   645
Yo, que la más celebrada
pastora soy que ha tenido
la Arcadia; yo, que de tantos
idolatrada me he visto,
¿al desaire de un rapaz,   650
tan grosero como lindo,
tantas vanidades postro,
tantas altiveces rindo,
que confiese que lo siento?
Mas, ¡ay de mí!, ¿de qué me aflijo?   655
Que ninguna siente más
los desaires que la hizo
la libre condición de uno,
que quien ufana ha rendido
la esclava pasión de todos,   660
porque en efecto es preciso
que todo estilo se extrañe,
cuando es extraño el estilo.

Sirene   No de esa manera sientas
                un acaso sucedido   665
                tan acaso.

Eco   Si supieses
                lo que siente el pecho mío,
                ¡ay Sirene!, no culparas
                estos extremos que has visto.
                Desde el instante que vi   670

la hermosura de Narciso,
vivo pensando que muero,
muero pensando que vivo.

(Salen por los dos lados Silvio y Febo.)

Febo	¡Qué escucho, cielos! ¿Tú quejas?

Silvio   ¿Tú extremos? Cielos, ¡qué miro!   675

Febo   ¿Tú llanto?

Silvio   ¿Tú sentimiento?

Febo   ¿Tú lagrimas?

Silvio   ¿Tú suspiros?

Eco   Esto solo me faltaba.

Silvio   Mirando que sus divinos
ojos más perlas congelan,   680
que no del alba el rocío,
al cielo pediré albricias.

Febo   Yo al ver que en dos bellos hilos
de aljófar hoy se desata
todo el campo del Olimpo,   685
el pésame daré al cielo.

Silvio   Alegre a su voz me rindo,
porque este apacible llanto
con sus ternezas me ha dicho
que sabe sentir su pecho.   690

Febo

Triste hoy a sus pies me humillo,
porque me ha dicho este llanto
que hay algo que ella ha sentido.

Eco

¡Oh qué mal contento, amor,
eres, pues que no ha podido   695
despicarte de un amado,
tener dos aborrecidos!

Silvio

Si en el desear, ¡oh Febo!
hacer finezas compito
con tu amor, en esta acción   700
más Eco a mí me ha debido.

Febo

¿De qué suerte?

Silvio

                              Desta suerte.
Oye, pues es tuyo el juicio.

Eco

Por disimular mis penas
habré por fuerza de oírlo.   705

Silvio

Tan rara es, tan peregrina
de Eco la belleza ufana,
que no creyéndola humana,
la adoré como divina.
Hoy, pues, que al llanto se inclina,   710
mayor esperanza alcanza
mi amor; luego en confianza
tal debe mi pensamiento
estimar su sentimiento,
pues dél nace mi esperanza.   715

Febo

Yo desde el punto que vi
a Eco, siempre la adoré
como divina, y aunque
llorar ahora la vi,
humana no la creí,   720
con que persuadirme intento,
que siente mi atrevimiento,
porque a ser divina alcanza;
luego debe mi esperanza
morir de su sentimiento.   725

Silvio

Suceder en el amor
lo que en un enfermo suele,
que ninguno dél se duele,
si no sabe qué es dolor.
Luego sentir fuera error   730
el verla sentir aquí;
pues viendo que siente así,
podrá más piadosamente
obligarla lo que siente
a que se duela de mí.   735

Febo

Que solo se compadece
el que padece un dolor,
concedo; y así, mi amor
del suyo se compadece.
Si a ti su dolor te ofrece   740
alivio, porque de ti
se duela, yo al revés fui,
pues es más justo que yo
me duela della, que no
que ella se duela de mí.   745

Silvio

Si yo remediar pudiera

con mi dolor su dolor,
el no hacerlo fuera error.

Febo   Yo de cualquiera manera
            sentir su dolor quisiera.   750

Silvio   Hacer no es contra decoro
            dél conveniencia.

Febo   Ello ignoro,
            ¿qué mayor inadvertencia,
            que el hacer yo conveniencia
            del dolor de lo que adoro?   755

Eco   Atentamente he escuchado
            de uno y otro la importuna
            competencia, y que ninguna
            se declara en mi cuidado.
            En ti ni en ti he estimado   760
            consuelo ni compasión,
            y puesto que iguales son
            del que estima y del que llora
            los afectos, hasta ahora
            no es de ninguno el listón.   765

(Vase.)

Silvio   ¡Plegue amor, pues ofendida
            dél en mi agravio te empleas,
            que de quien amas te veas
            quejosa y aborrecida!

(Vase.)

Febo   Eso a los cielos no pida   770
               mi voz; mejor es que así
               aborrezcas, pues aquí
               quieren más mis penas fieras,
               a trueco que a nadie quieras,
               que me aborrezcas a mí.   775
               ¡Ay, Sirene! ¿Qué haré yo,
               me di, si es que algo has sabido,
               que en el mar de mis desdichas
               me pueda servir de alivio?

Sirene   Sola una cosa.

Febo   ¿Cuál es?   780

Sirene   Olvidar.

Febo   Sin duda has visto
               desahuciada mi esperanza,
               pues la recetas olvido,
               que es sepulcro del amor.

Sirene   Mal haré si no te digo   785
               lo que sé, ya que has fiado
               tu dolor del pecho mío.
               Eco no puede quererte,
               y no tan común ha sido
               su desdén, que no le haya   790
               postrado...

Febo   ¿A quién?

Sirene   ...a Narciso.

Febo	¡Ay, Sirene! Mal has hecho...

Sirene	¿En qué?

Febo	En habérmelo dicho.

Sirene	Tú ¿no me has preguntado?

Febo

Sí, mas por aqueso mismo   795
no decírmelo debieras;
pues cuando un celoso quiso
saber, quiso no saber;
y pues no estaba en mi arbitrio
no preguntarlo, estuviera   800
en el tuyo no decirlo.

Sirene

Aunque tarde esa lición
me das, Febo, solicito
pagártela yo con otra.
Nunca lo que está escondido   805
de mujer, quieras saberlo,
si has de sentir el oírlo.

(Vase.)

Febo

Flores deste ameno valle,
troncos destos altos riscos,
aves deste manso viento,   810
fieras deste monte altivo,
pastores destas riberas,
ganados destos apriscos,
hermosuras destos campos,
cristales de aquestos ríos,   815
pues todos testigos fuisteis

del venturoso amor mío,
de mis desdichados celos
sed ahora también testigos.

(Quédese suspenso sobre el cayado, y sale Bato y Narciso.)

Bato   ¿Dónde vuelves?

Narciso   No lo sé;   820
que por más que me resisto,
no puedo más. A ver vuelvo
la beldad que en este sitio
dejé.

Bato   Pues ya no está aquí.

Narciso   Dígasme, pastor amigo,   825
que sobre el cayado estribas
tan confuso y suspendido,
si a Eco, honor destas montañas,
por estos valles has visto.

Febo   Respóndate aqueste acero   830
(Vale a dar.)   en tu púrpura teñido.
Pero no, que no he de hacerte
yo infeliz, porque te hizo
feliz tu amor. Vive, joven,
ufano y desvanecido;   835
que yo no quiero tomar
más venganza que en mí mismo,
pues tú no tienes la culpa
de querer a quien te quiso,
y yo sí de haber amado   840
a la que me ha aborrecido.

(Vase.)

Narciso   ¿Qué es esto, Bato?

Bato   ¿Qué quieres
que sea, si inadvertido
preguntas por Eco a quien
a Eco adora?

Narciso   ¿Qué esquivo   845
veneno en esta palabra
me has dado por el oído,
que ha corrido al corazón
tan vario, que a un tiempo mismo
me abraso y tiemblo, alternando   850
yelo ardiente y fuego frío?

Bato   El que tú a Febo le diste.

Narciso   Y Febo, di, Bato amigo,
¿es de Eco querido?

Bato   No,
antes siempre aborrecido   855
vivió.

Narciso   La mitad del peso
has quitado a mis sentidos;
que aunque arde el yelo, es templado,
y aunque yela el fuego, es tibio.

(Sale Eco.)

[Eco] (Aparte.)   (Mejor es que de una vez   860
                               se declare el dolor mío.)
                               Narciso, a buscarte vengo.

Narciso (Aparte.)   (Ya el ver que a buscarme vino,
                               me quitó la otra mitad;
                               pues si no hubiera venido   865
                               a buscarme, fuera yo
                               a buscarla.) ¿En qué te sirvo?

Eco (Aparte.)   En escucharme. (Cantando
                               lo diré, por si le obligo
                               más con mis voces.)

Bato   Yo quiero   870
                               dar a Liríope aviso
                               de aquestos extremos, pues
                               yo no basto a resistirlos.

(Vase.)

Eco (Canta.)   Bellísimo Narciso,
                               que a estos amenos valles,   875
                               del monte en que naciste,
                               las asperezas traes.
                               Mis pesares escucha,
                               pues deben obligarte,
                               cuando no por ser míos,   880
                               solo por ser pesares.
                               Amor, sabes con cuánta
                               vergüenza llego a hablarte,
                               y no dudo ni temo
                               que tú también lo sabes.   885
                               Si atiendes los colores

que en el rostro me salen,
la púrpura y la nieve
variada por instantes;
porque cada suspiro,   890
que en efecto son aire,
camaleón de amor
se muda mi semblante.
Desde el primero día
que al monte fui a buscarte,   895
y te hallé la primera
entre sus soledades,
mi vida a tu hermosura
rindió sus libertades.
Haciendo tu extrañeza,   900
de mi altivez donaire,
que aunque estaba tan bruto
entonces el diamante
de tu pecho, ya daba
muestra de sus quilates.   905
Eco soy, la más rica
pastora destos valles;
bella decir pudieran
mis infelicidades;
que de amor en el templo,   910
por culto a sus altares,
de felices bellezas
pocas lámparas arden.
Todo aquese océano
de vellones, que hace   915
con las ondas de lana
crecientes y menguantes,
desde aquella alta roca
hasta esta verde margen,
esmeraldas paciendo   920

y bebiendo cristales,
todo es mío; no hay
pastores que la guarden,
que a mi sueldo no vivan
atentos y leales.   925
Todo a tus pies ofrezco,
y no porque a rogarte
lleguen hoy mis ternezas,
imágines que nacen
en la constancia mía   930
de usadas liviandades,
supuesto, bello joven,
que no puede obligarme,
sino es de ser tu esposa,
a que mi amor declare,   935
porque tengas en mí
siempre firme y constante
un alma que te adore,
un pecho que te ame,
una fe que te estime,   940
un nudo que te enlace,
atención que te sirva,
amor que te regale,
deseo que te obligue,
cuidado que te agrade.   945
Y si estos rendimientos
no pueden obligarte,
triste, confusa, ciega,
muda, absorta, cobarde,
infelice, afligida,   950
me verás entregarme
tanto a mis sentimientos,
que en quejas lamentables
el aire, confundido

	de mis voces, se alabe	955
	porque Eco enamorada	
	se ha convertido en aire.	

Narciso   Hecho había tu rigor
                      experiencias en tu pecho,
                      con que te iba mejor;   960
                      mal, Eco divina, has hecho
                      en declararme tu amor;
                      pues tan claramente arguyo,
                      que postrado mi albedrío,
                      yo ahora a despecho suyo   965
                      te dijera el amor mío,
                      si hubieras callado el tuyo.
                      Al buscarte a ti mi airada
                      pena, la tuya te tray,
                      con que ya, la acción mudada   970
                      ve las distancias que hay
                      de rogar a ser rogada,
                      sin reparar en el hado,
                      mi amor iba a ti rendido;
                      y en su riesgo he reparado,   975
                      que veo favorecido,
                      mas que vía despreciado.
                      Y así, no me digas, no,
                      tu amor, ni en tu vida esperes
                      ver que su luz me abrasó,   980
                      pues con saber que me quieres,
                      viviré contento yo.

Eco   Oye, aguarda, espera, ten
                      el paso.

Narciso   Suelta la mano.

(Sale Silvio.)

[Silvio] (Aparte.)   ¿Qué es lo que mis ojos ven?   985

Eco   Escúchame.

Narciso   Será en vano.

Eco   Narciso, mi amor, mi bien...

Narciso   No he de oírte.

Silvio   ¿Cómo así
sufro mis ofensas yo?

Narciso   Déjame.

Eco   ¿De mí huyes?

Narciso   Sí.   990

Silvio (Aparte.)   ¿Quién mayor desdicha vio?

Eco   Véngueme el cielo de ti.

Silvio   Si tú le pides al cielo
que dél te vengue (¡ah crüel!),
ya con mayor desconsuelo   995
pedir puede mi desvelo
que me vengue de ti y dél.
Y supuesto que él aquí
a ti, fiera, te ofendió,
y tú y él junto a mí,   1000

dél me vengaré, pues no
me puedo vengar de ti.
Advenedizo zagal,
que de ese monte eminente,
a solo aumentar mi llama,   1005
hijo del viento, desciendes.
Aunque no es tuya la culpa
de que Eco a amarte llegue,
sino suya, y aunque tengo
en parte que agradecerte,   1010
al ver cuán dueño de ti
tanta ventura desprecies,
tan fuera de la razón
las leyes los celos tienen,
que mandan que muera quien   1015
es querido, y no quien quiere.
Sin duda que fue mujer
quien introdujo esas leyes,
pues condenó el instrumento
y no al que con él ofende.   1020
Y así, pues ya recibido
está en uso que se venguen
en los hombres los agravios
que nos hacen las mujeres,
fuerza es el vengarme en ti,   1025
aunque es fuerza que me pese
que seas tan tierno joven,
que no haga nada en vencerte.

Eco (Aparte.)   Silvio, mira... ¡Muerta estoy!

Narciso   ¡Ay de mí, infeliz!

Eco   Advierte...   1030

Silvio   Para matarle me irritas
                     más cuanto más le defiendes.

Narciso   Pues no me defiendas más,
                     deja que a mis brazos llegue,
                     que valor hay en mis brazos   1035
                     que sabrán, Eco, vencerle.

(Luchan.)

Silvio   ¿Cómo, si a mis plantas ya
                     estás? Por dichoso muere;
                     que es delito ser dichoso
                     en los amantes.

(Va a sacar la daga, y sale Febo y le detiene.)

Febo   Detente,   1040
                     no le mates.

Silvio   ¿Tú lo estorbas?

Febo   Sí.

Silvio   Será porque no tienes
                     noticia de la ocasión,
                     Febo; que si la tuvieses,
                     me ayudaras a matarle.   1045

Febo   No hiciera, que por saberle,
                     antes que por ignorarle,
                     le guardo; que no merece
                     morir por verse querido.

Silvio	¡Oh qué infames celos tienes,	1050
	pues mil muertes no deseas	
	a hombre que a tu dama quiere!	

Febo

Antes son mis celos nobles,
pues desengañar pretenden
hoy al mundo del error   1055
que en esa parte padece.
Querer lo que quiero yo,
casi lisonja a ser viene,
pues aprueba mi buen gusto;
ser más dichoso en que llegue   1060
a ser más querido, es
donativo de la suerte:
pues ¿por qué al que el cielo hizo
más venturoso, he de hacerle
yo más desdichado? Fuera   1065
de que es tan sagrado siempre
para mí (extráñelo el gusto,
yerre yo en esto o acierte)
cuanto es gusto de mi dama,
que tengo de defenderle,   1070
por no hacerle ese pesar
de ofender lo que ella quiere.

Silvio

En amor, Febo, no hay
sofisterías..., y advierte
que en celos nunca hay nobleza: 1075
lo que se siente se siente.
Y así, tengo de matarle,
porque esa se favorece,
aunque tenga que estimarle
el ver que él a Eco desprecie.   1080

Febo   ¿Él despreciar a Eco?

Silvio   Sí.

Febo   Ahora le daré yo muerte,
                porque a lo que quiero yo
                no ha de haber quien lo desprecie.

Silvio   Ahora lo defenderé   1085
                yo, si advierto que le tiene
                esa obligación mi amor.

Febo   ¡Oh qué villano amor tienes,
                pues lo que Eco quiere matas,
                y guardas lo que a Eco no quiere!   1090
                Y a ti es fuerza que aquí
                de ese desaire la vengue.

Silvio   Yo por él he de guardarle.

Febo   El que de los dos venciere,
                siga después su opinión.   1095

(Luchan.)

Eco   ¿Quién vio confusión más cierta?
                Pastores desta montaña,
                venid a favorecerme,
                estorbando una desdicha
                que hoy a mis ojos sucede.   1100

(Salen todos.)

Anteo   ¿Qué es aquesto? Silvio, Febo,
             teneos, que estoy presente.

Sileno   Narciso, ¿tan presto ya
             pendencia en el valle tienes?

Narciso   Y aun dos, pues dos enemigos   1105
             aquí matarme pretenden.

Liríope   ¡Qué presto empiezan los hados
             a declararnos que tienes
             tu riesgo en una hermosura!

Bato   Yo, sin que astrólogo fuese,   1110
             lo dijera, porque ¿quién
             no tuvo su riesgo siempre
             en una hermosura, y aun
             en una fealdad mil veces?

Sileno   ¿Qué es esto, Eco hermosa?

Eco   Ser   1115
             desdichada solamente.

(Vase.)

Anteo   ¿Qué es esto, Silvio?

Silvio   Ser yo
             infeliz: Febo os lo cuente.

(Vase.)

Liríope   ¿Qué es esto, Febo?

Febo   No sé;
Narciso decirlo puede.   1120

(Vase.)

Sileno   Narciso, ¿qué es esto?

Narciso   Yo
no sé lo que me sucede.

(Vase.)

Anteo   Bato, pues fuiste a llamarnos,
dinos tú más claramente,
¿qué es esto?

Bato   Ser desdichado.   1125
Ahí os lo dirá esa gente.

(Vase.)

Sileno   Sigámoslos, porque no
vuelvan otra vez a verse,
antes que amigos se hagan.

(Vase.)

Anteo   Vamos, aunque me parece   1130
que el serlo será imposible
donde una dama interviene;
que amistades sobre celos
hanse visto pocas veces.

(Vase.)

Liríope   Cielos, pues ya me vais dando   1135
            indicios tan evidentes,
            en la hermosura de Eco
            del peligro que previenen
            vuestros astros a Narciso,
            dadme valor con que enmiende   1140
            los amagos, antes que
            las ejecuciones lleguen.
            Válgame lo que he aprendido,
            para que el daño remedie,
            pues primero que le vea   1145
            sucedido, he de ponerle
            mil embarazos al paso,
            si sé altiva, osada y fuerte
            transformar todos los globos
            de esa máquina celeste,   1150
            viéndola a prodigios míos
            desplomada de los ejes.

(Vase.)

Fin de la Jornada segunda

Jornada tercera

Salen Febo, Silvio y Anteo.

Anteo   Eso habéis de hacer por mí,
                pues ocasión no tenéis
                de no ser amigos.

Febo   Mal
                sabes lo que es querer bien,
                pues dices que no tenemos   5
                ocasión para no ser
                los dos amigos, amando
                los dos un mismo desdén.

Silvio   ¿Cómo es posible que sea
                un hombre amigo de quien   10
                quiere lo que él quiere, siendo
                ira los celos?

Anteo   Aunque
                entiendo poco del duelo
                de amor; a mi parecer,
                cuando igualmente los dos   15
                aborrecidos os veis,
                y ninguno es preferido,
                podéis ser amigos, pues
                lo que al sentimiento obliga
                en cualquier amante es   20
                que la esperanza o favor
                que yo pierdo, gane aquel.
                Mas sin favor ni esperanza
                el uno y otro es querer
                estirar el duelo a más   25

de lo que manda la ley.

Febo   Esa es bastante razón
              para no reñir con él;
              mas no para ser su amigo.

Silvio   Febo ha respondido bien;   30
              que una cosa es amistad
              y otra es competencia.

Anteo   Pues
              en aquesa diferencia,
              yo me contento con que
              enemigos no seáis,   35
              si amigos no queréis ser.

Febo   De eso aun la palabra doy,
              a mi pesar.

Silvio   Yo también.
              Pero advierte que se queda
              el mayor disgusto en pie,   40
              porque yo le doy a Anteo,
              en cuanto a Febo, que es
              igual conmigo en mis penas,
              no en cuanto a Narciso, pues
              si Eco le quiere, yo tengo   45
              de vengarme della en él.

Febo   Yo, no porque ella le adore,
              que es dicha y no culpa es;
              porque él la desdeña, sí;
              que yo no tengo de ver,   50
              que ninguno trate mal

a lo que yo quiero bien.

Anteo   Antes de hablar a los dos,
con ese zagal hablé,
y me ofreció de estorbar   55
las ocasiones en que
disgustar pueda a ninguno
ni en despreciar ni en querer.
Y puesto que en esta parte
Estáis compuestos los tres,   60
ved que queda sobre mí
vuestra competencia, y ved
que el que la rompa, conmigo
habrá de reñir después.

(Vase.)

Silvio   ¿Quién llegó a mayor desdicha   65
que el galán que llegó a ver
cara a cara un desengaño...?

Febo   ¿Quién llega a más dicha, quién,
que el amante que llegó
un desengaño a tener...?   70

Silvio   ...Pues cuanto vivió engañado,
vivió contento, porque
una cosa es ignorar,
y otra cosa es padecer.

Febo   ...Pues cuanto engañado amó,   75
fue desdichado, porque
no hay mal como el que encubierto
mata, sin saberse dél.

Silvio   ¡Oh quién engañado amara
                toda su vida...

Febo   Y, ¡oh quién   80
                hubiera este desengaño
                tenido antes...

Silvio   ...para que
                nunca sintiera el dolor!

Febo   ...para que siempre el crüel
                dolor hubiera sentido!   85

Silvio   ¡Que en un amor...

Febo   ¡Una fe...

Silvio   ...no hay cosa como ignorar!

Febo   ...no hay cosa como saber!

(Sale Eco.)

[Eco] (Aparte.)   Silvio y Febo están aquí.
                ¡Cuánto siento que otra vez   90
                su cansada competencia
                a escuchar he de volver!

Febo (Aparte.)   Eco es la que ven mis ojos.

Silvio (Aparte.)   Eco la que miro es.

Febo (Aparte.)   Dadme valor, sentimientos,   95

para dejarla de ver.

Silvio (Aparte.) Para no llegar a hablarla,
quejas, esfuerzos haced.

Febo Eco, los dioses te guarden.

(Vase.)

Silvio Vida los cielos te den.   100

(Vase.)

Eco ¿Cómo los dos, sin hablarme,
se van desta suerte? ¿Quién
creerá que sentí al hallarlos
aquí, cuando aquí llegué,
porque temí que me hablaran 105
en su amor, y que después
he sentido que se ausenten
los dos, sin hablarme en él?
Pero ¿qué mucho, qué mucho,
si en efecto a la mujer 110
que más ha olvidado, más
ha llegado a aborrecer,
aun de lo que quiere mal,
le suena la queja bien?
Que es una ceremoniosa 115
vanidad verle querer,
que se desestima antes,
y se echa menos después.

(Sale Bato y Narciso.)

Bato   ¿Dónde vas?

Narciso   A caza al monte
                        voy, Bato, que quiero ver   120
                        si con la ausencia mejor
                        venzo esta pasión crüel,
                        porque a Eco en toda mi vida
                        tengo de escuchar ni ver;
                        que está en ella mi peligro.   125

Eco (Aparte.)   Él viene aquí, ¿qué he de hacer?

Narciso (Aparte.)   Ella esta aquí, huyamos antes
                        que llegue a hablarme.

Eco (Aparte.)   (Mas ¿qué
                        lo que he de hacer dudo yo?
                        ¿Aquí a sentir no llegué   130
                        que se fuesen sin hablarme
                        los dos que aborrecí? Pues
                        lo que fue veneno en ellos
                        será medicina en él.
                        Esfuérzate, corazón,   135
                        vence siquiera una vez.)
                        Narciso.

Narciso   ¿Qué quieres, Eco?

(Vase hacia el paño.)

Eco   Que vida el cielo te dé.

Narciso   ¿Cómo sin decirme más
                        te vas?

| Bato | Andando en los pies. | 140 |

Narciso

¿Luego ya no siente, Bato,
que desengaños la dé,
pues ella no me da quejas?

Bato

Paréceme que no.

Narciso

                ¿Quién
habrá llegado a sentir   145
lo que llegó a pretender?

Bato

Quien pretendió lo que había
de sentir.

Eco (Aparte.)

¿Esto es querer?
Sí. Mas por disimular,
y porque piense también   150
que nada siento, cantando
la deshecha quiero hacer.
Si espanta su mal quien canta,
¿cómo yo espanto mi bien?

(Vase.)

Narciso

Mas ¿qué importa que se vaya?   155

Bato

Nada, si se mira bien.

Narciso

Pues no importa sino mucho.

Bato

Importe..., y la mano ten.

Eco (Dentro canta.)   Si en los que bien quieren
                           todo es padecer,   160
                           y no hay dicha alguna
                           en el bien querer,
                           ¡fuego de Dios en el querer bien!

Narciso   Amén.

Bato   Amén.
                           Pero ¿de qué te amohínas?   165

Narciso   De que cante.

Bato   Dices bien;
                           que es el cantar muy mal hecho,
                           despreciada una mujer.

Narciso   Huyamos, Bato, de aquí;
                           que si la escucho otra vez,   170
                           tras sí me llevará.

Bato   Dices
                           lindamente; al monte ven.

Eco (Dentro.)   ¡Fuego de Dios en el querer bien!

Narciso   ¡Amén!

Bato   ¡Amén!

Narciso   Detente, que aquella voz   175
                           un clarín del amor es,
                           que a mis oídos deseos
                           ha tocado a recoger.

Dejarme sin hacer caso
de mí, tan fiera y crüel,   180
cantar tan alegre y libre,
fuerza es que lo sienta. Ven
conmigo, que de mis quejas
testigo te quiero hacer.

Bato   ¿Pues dónde hemos de ir?

Narciso   Tras ella.   185

Bato   ¿Qué te obliga ahora?

Narciso   No sé,
pero estando triste yo,
al ver que ella alegre esté,
porque canta la siguiera,
cuando no cantara bien.   190
Eco hermosa, espera, escucha...

(Al entrarse, sale Liríope y le detiene.)

Liríope   La voz y el paso detén,
Narciso.

Narciso   ¿Cómo es posible,
cuando decir escuché...?

(Eco dentro, y Narciso repiten la copla.)

Los dos   Si en los que bien quieren   195
todo es padecer,
y no hay dicha alguna
en el bien querer,

| | ¡fuego de Dios en el querer bien! | |
| | ¡Amén, amén! | 200 |

Liríope   ¿Es posible que, sabiendo
                           que está en ese azul dosel
                           escrito con plumas de oro
                           y letras de rosicler
                           el influjo de tus hados   205
                           que te amenaza crüel,
                           sus hojas quieras abrir,
                           y sus capítulos leer?
                           ¿No sabes que esa hermosura
                           y esa voz alguna vez   210
                           a declararse empezaron
                           contra ti, cuando a los pies
                           de dos celosos amantes
                           te llegan a defender
                           del un peligro en el otro?   215
                           Pues allí el aviso cree,
                           agradeciendo a los cielos,
                           que tan de tu parte estén,
                           que escuches la voz del trueno
                           antes que el rayo te dé.   220

Narciso   Yo te confieso que es justo
                           el recelar y el temer;
                           pero vencerse a sí mismo,
                           di, ¿quién ha podido?

Liríope   Quien,
                           antevisto el daño, huyó.   225

Narciso   Pues si eso basta, yo huiré.
                           Al monte me voy a caza,

y al valle no he de volver
hasta que vuelva olvidado
desta tan dudosa fe,   230
que un día todo es amar,
y otro día aborrecer.
Y así, ya en otro sentido,
diciendo con ella iré...
    Si en los que bien [quieren   235
    todo es padecer,
    y no hay dicha alguna
    en el bien querer,
    ifuego de Dios en el querer bien!
    ¡Amén, amén!]   240

(Vase.)

Liríope   Aun hasta en eso hoy el cielo
te da el aviso más fiel,
pues aborrecer y amar
destino es tuyo también.
Ve con él, Bato.

Bato   Ya voy.   245
Mas mala comisión es
la de andarse tras su amo
que pesar da y quiere bien.

(Vase.)

Liríope   Cielos, ya está declarada
la suerte, y pues ya llegué   250
del peligro de Narciso
la causa a reconocer,
¿de qué, si no la remedio,

me habrá servido, de qué,
cuanto aprendí de Tiresias,   255
cuanto leí y estudié
en aquella soledad?
Aprovechémonos, pues,
del saber; que no aplicado,
de nada sirve el saber.   260
De Eco en la voz y hermosura
sus dos peligros se ve;
pues destruyamos el uno,
para que quede después
el otro imperfecto. Yo   265
entre las cosas que sé
de la gran naturaleza,
sé un veneno, el más crüel
que produjo la abundancia
de su infinito poder.   270
Este entorpece la lengua
de tal manera, que aquel
a quien se le da, incapaz
queda del hablar, porque
de las razones no usa,   275
sin pronunciar ni aprender,
sino solo lo que oye,
y aun eso la última vez.
Ese, pues, tan poderoso,
torpe veneno; este, pues,   280
parto del opio y beleño,
letargo de Eco ha de ser.
Tan eficazmente hiere,
que no será menester
que la beba; que se pise   285
bastará, para correr
brevemente al corazón

por el contacto del pie.
Conficionado le tengo,
y al paso se le pondré   290
de aquella senda que pisa.
Muera de Eco la voz, pues
la voz de Eco es la que pudo
tanto a Narciso mover;
que, pues conseguir no pude   295
criarle sin ver mujer,
de otra suerte he de guardarle.
Y si esto no basta hacer
el efecto que deseo,
de la tierra dejaré   300
los secretos producidos,
y hasta ese claro dosel
de los cielos mis portentos
subirán. Desclavaré
de su epiciclo los astros,   305
y esta gran caterva fiel
de estrellas y de luceros
perderá su rosicler.
La faz mancharé a la Luna,
turbarele al Sol la tez,   310
y titubeando del cielo,
desde un ej hasta otro ej,
la gran república hermosa,
ruina amenazar la haré
sobre el globo de la tierra,   315
tanto, que temiendo esté,
si se cae o no se cae
a un vaivén y a otro vaivén.

(Vase, y sale Narciso y Bato.)

| Bato | Sigue aquel corzo que, herido | |
| | de una flecha, al viento iguala. | 320 |

Narciso	¿Cómo en ave convertido,	
	el volar con sola una ala	
	tan igualmente has podido,	
	oh corzo, y con tan mortal	
	herida vuelves la espalda,	325
	cuando con presteza igual,	
	cuanto pisas esmeralda	
	lo vas dejando coral?	

Bato	En la espesura se ha entrado,	
	para morir desangrado	330
	en aquel arroyo.	

Narciso	Ve	
	tú, remátale, porque	
	yo, rendido y fatigado,	
	no puedo pasar de aquí.	

| Bato | Ni yo, y agora creí | 335 |
| | que verdad debe de ser... | |

| Narciso | Di, ¿qué? | |

| Bato | Que cansa el correr, | |
| | porque me ha cansado a mí. | |

Narciso	Entre aquellas ramas bellas	
	un poco estemos, pues ellas	340
	impiden el arrebol	
	del Sol, en tanto que al Sol	
	late el can del cielo estrellas.	

Bato
Dices muy bien. Descansemos
aquí un poco, que el lugar   345
convida; y pues que nos vemos
sin otra cosa en que hablar,
¿de la caza no hablaremos?
¿Hay bobería mayor
que con este resistero   350
seguir un gamo, señor,
que a la sombra un despensero
le caza mucho mejor,
y más descansado?

Narciso   No,
porque el gusto de matalle,   355
es lo que aquí se estimó.

Bato
Que era el gusto, pensé yo,
el cocelle o empanalle.

Narciso
Que es el escucharte, piensa,
de un noble ejercicio ofensa.   360

Bato
Tú, que no hay, imagina,
selva como una cocina,
bosque como una despensa.

Narciso
De la caza la porfía
Deja

Bato
            ¿En qué, si esto te pesa,   365
hablarás?

Narciso
            De Eco quería,

pues también es caza esa.

Bato   Y aun caza de montería.

Narciso   ¡Que siempre...! Pero ¿qué ruido
                      es este?

Bato   Que el corzo herido,   370
                      de espuma y sangre bañado,
                      por esta parte ha tornado.

Narciso   Cóbrale tú, que rendido
                      yo no puedo.

Bato   Yo lo haré,
                      señor, y a cobrarle iré,   375
                      como él pagárseme quiera.

(Vase, y descúbrese la fuente.)

Narciso   Yo a la margen lisonjera
                      deste arroyo esperaré,
                      ¿atrevereme a beber
                      los cristales de su fuente,   380
                      sin recelar y temer,
                      que segunda vez intente
                      mis sentidos suspender
                      quizá a la ninfa que está
                      en ella? Pero no hará;   385
                      que ofensa no puede ser
                      llegar yo en ella a beber,
                      si ella brindándome está.
                      ¡Oh, qué ignorante nací!
                      ¡Oh, qué necio me crié!,   390

106

pues nunca de nadie oí
si ofensa o lisonja fue
de las ninfas el que así
se atrevan a su cristal.
Mas si es deidad lisonjera   395
para remediar mi mal,
forzoso es ser liberal.
¡Oh tú, que eres la primera
ninfa del agua, a quien yo
sediento a pedir llegué   400
alivio y consuelo, no
te ofendas ahora de que
a ti me atreva! ¿Quién vio
jamás igual hermosura
de la que aquí a mirar llego,   405
pues su ninfa (¡qué ventura!)
flechando está puro fuego
dentro de la nieve pura?
No sin espanto y recelo
a ver llegan mis temores   410
en otro mundo de yelo
otros árboles y flores,
otros montes y otro cielo.

(Asómase a la fuente.)

(Como mis voces oyó,
a responderme salió.)   415
Bellísimo asombro, a quien
la vida y el alma es bien
que ya sacrifiqué yo,
dime si podré (¡ay de mí!)
con el cristal que tú estás   420
guardando, templar yo aquí

mi sed. Ya dice que sí,
aunque por señas no más;
bien que las entienden fío,
mi discurso y mi albedrío;   425
duda en ellas no se halla,
pues aunque al hablarla calla,
se ríe cuando me río.
No vi hermosura jamás
tan divina. Beberé,   430
pues tú licencia me das.
Cuanto al cristal me acerqué,
tanto ella se acercó más.
Vestida, ¡qué admiración!
Como yo está su belleza.   435
Dos árboles, con razón,
se visten de una corteza,
si tienen corazón.
Beberé, pues…, pero enojos,
porque en sus claros despojos   440
hallo contrarios agravios.
¿Cómo lo que es en los labios
yelo, es incendio en los ojos?
¿Cómo cuando al agua llego,
en mí tal fuego se fragua?   445
¿Cómo (estoy mudo, estoy ciego)
si al fuego le mata el agua,
aquí el agua enciende al fuego?
Desde el punto que te vi,
¡oh beldad!, morirme siento;   450
solo viene bien aquí
aqueste encarecimiento
de «quiérote como a mí»,
puesto que a mí no me quiero
más que a ti, pues por ti muero.   455

¿Por qué no hablas ni respondes?
Pero de la voz que escondes
segunda ventura infiero,
porque si mi suerte dura,
en voz y hermosura atroz,   460
fin a mi vida procura,
el no tener tú una voz
es tener otra hermosura.
¿Quieres darme aquesa mano?
¡Vive amor, que la acercó!   465
Hoy altos favores gano.
Mas, ¡ay de mí!, que es en vano
que tal bien consiga yo,
porque al ir (¡hay pena igual!)
a asirla, de amores loco,   470
su luz turbó celestial;
y yo solo el cristal toco
y no el alma del cristal.

(Quédase divertido en la fuente, y sale Eco.)

Eco   De la compañía del valle
                  que más que divierte, cansa,   475
                  a la soledad del monte,
                  huyendo vienen mis ansias.
                  A llorar vengo a esta fuente,
                  en cuya apacible estancia,
                  suelen mis melancolías   480
                  divertirse, porque el agua
                  instrumento es de los tristes,
                  y esta en dulce consonancia
                  con cuerdas de vidro hiere
                  trastos de oro y lazos de ámbar.   485
                  Muchas veces vine aquí

a divertir mis desgracias;
pero de todas (¡ay cielo!)
ninguna con mayor causa;
que inquietamente confusa   490
no sé qué siento en el alma,
que a golpes dentro del pecho
el corazón se me arranca.

(Aparte.)   Pero... ¡Qué miro! Narciso
suspenso en ella con tanta   495
atención está, que creo
que es ya de la fuente estatua.
A que le he seguido yo
no quiero que le persuada;
y así, me he de recatar   500
entre aquestas verdes ramas.

Narciso   Como tú, hermoso prodigio,
solo me miras y callas,
yo no hago más que mirarte,
y callar; pero esto basta,   505
porque como yo te vea,
¿qué más dicha?

Eco (Aparte.)   ¿Con quién habla
que la está diciendo amores?
¿Los desprecios no bastaban,
sino los celos también?   510
Mas celos, ¿a qué amor faltan?
Acercarme quiero más;
que puesto que está de espaldas,
no me verá; que no duda
mi necia desconfianza   515
que de la otra parte esté
alguna hermosa zagala,

con quien habla.

Narciso   ¡Qué divina
eres, deidad soberana!
Bella me pareció Eco   520
antes que a ti te mirara;
pero después que te vi,
aun no es tu sombra.

Eco (Aparte.)   ¿Qué aguarda
mi sufrimiento, que ya
a voces no se declara,   525
viendo cuán a costa mía
guarnece las alabanzas
de otra? Pero a nadie veo;
y pues mi vista no alcanza
desde aquí, por detrás dél   530
he de procurar mirarla,
si es que me deja valor,
quien lentamente me mata.

(Asómase Eco por detrás de Narciso a la fuente.)

Narciso   Bella es Eco, pero tú...
¡Ay de mí, triste! Al nombrarla,   535
al lado de la que adoro
se puso. ¿Dentro del agua
Eco está? ¿Cómo es posible?
Mas, ¡ay de mí!, mis desgracias
a sus palacios habrán   540
facilitado la entrada,
o sus celos. No la creas
lo que en mi ofensa te habla
al oído, porque en todo

cuanto te dice, te engaña.   545

Eco   No engaña, Narciso.

Narciso   ¡Cielos!
¿Quién se ha visto en dudas tantas?
¿Cómo, si el cuerpo está allí,
aquí suena la voz? Rara
confusión en este caso   550
es la que padece el alma.
¿Cómo estás aquí, si estás
en el cristalino alcázar
desta fuente? ¿A un mismo tiempo
dos cuerpos tienes? Turbada   555
mi vista verte en dos partes,
con admiración se espanta.

Eco   Escucha.

Narciso   Déjame... Pero
en vano mi voz te agravia:
Eco, hermosura de mis ojos,   560
si me quieres, si me amas,
si a buscarme al monte vienes,
muestra tus finezas altas
en decirme cómo entraste
a ese palacio de plata,   565
y cómo tan presto dél
saliste, para que vaya
yo por donde tú saliste
a ver la soberana
deidad desta fuente.

Eco   Espera,   570

Narciso, detente, aguarda;
que con ser tanta mi pena,
aun es mayor tu ignorancia.
¿A quién ves en esa fuente?
¿Con quién a esa fuente hablas,   575
si cuanto está dentro della
solo es una sombra falsa,
que a nuestros ojos ofrece
la reflexión en el agua,
porque, como es un cristal   580
que nuestros cuerpos retrata,
finge ese objeto a la vista?

Narciso   Ya sé, Eco, que me engañas,
porque disuadirme intentas
de mi amor y mi esperanza.   585
Yo he visto la ninfa hermosa
de esa fuente, a cuya rara
perfección dio el monte nieve,
el clavel púrpura, y nácar
la rosa, el jazmín candor,   590
hermoso arrebol del alba,
el Sol mismo trenzas de oro,
y el cristal manos de plata.
No es sombra fingida, no;
que ella en su profunda estancia,   595
entre otras selvas y cielos,
otros montes y otras plantas
se ha dejado ver de mí.
Llega tú, llega a mirarla,
que aún aquí está todavía.   600

Eco   ¡Oh, si un dolor me dejara
aliento con que pudiera

desengañar tu ignorancia,
para tomar de una vez
de tu vanidad venganza!   605
Mas sí dejará, que yo,
a despecho de su saña,
sabré vencerle. Narciso,
esa deidad que en el agua
viste... ¡qué deidad! No sé   610
lo que iba a decir, ¡extraña
pena! Para que prosiga,
acuérdame tú en qué hablaba.

Narciso   En la deidad de esa fuente.

Eco   Ah sí. Esa sombra, que vana   615
               tu fantasía presume
               que es la ninfa que la guarda,
               es..., ¿cómo lo diré yo?
               Una explicación me falta...
               Lo mismo en que estoy hablando,   620
               dudo con presteza tanta...
               Y no tan solo el concepto,
               pero también las palabras.
               ¿Quién eres tú que aquí estás?

Narciso   ¿Qué preguntas si me hablas?   625
               Yo soy Narciso.

Eco   Narciso.

Narciso   Sí. ¿Qué te espantas?

Eco   ¿Espantas?

Narciso   Pues, ¿no he de espantarme yo,
                 al ver en ti tal mudanza?
                 ¿Qué ibas diciendo?

Eco   ¿Diciendo?   630

Narciso   Sí, no calles nada.

Eco   Nada.
(Aparte.)   Pero miento, que mil cosas
                 voy a decir, y turbada
                 la lengua solo pronuncia
                 lo que oye.

Narciso   ¡Confusión rara!   635
                 Eco...

Eco   Eco.

Narciso   ¿Qué es esto?

Eco   Esto.

Narciso   Sí, ¿qué sientes? Habla.

Eco   Habla.

Narciso (Aparte.)   (Sin duda que, como quiso
                 ofender la soberana
                 deidad de esa fuente, ella   640
                 ha tomado esta venganza,
                 embargándola la voz.
                 Ya me da asombro el mirarla.
                 De ella huiré. Ella me tiene,

y solo en señas declara   645
su dolor. El corazón
con su misma mano arranca.)
¿Qué es lo que quieres?

Eco   ¿Qué quieres?

Narciso   ¿Tú me detienes y llamas?
Dímelo tú a mí.

Eco   Tú a mí.   650

Narciso   Suelta.

Eco   Suelta.

Narciso   Basta.

Eco   Basta.

(Sale Bato.)

Bato   No he podido volver antes,
porque... Mas no habré hecho falta,
si tan bien entretenido
estabas, señor.

Narciso   No estaba   655
sino mal, porque no sé
qué es lo que a mi vida pasa.
Habla con Eco; quizá
podrá aquí menos turbada
que conmigo hablar contigo;   660
y estórbala que no vaya

tras mí, que voy a buscar
por todas esas montañas
músicos, que a cantar vengan
a la ninfa soberana						665
de esa fuente, a quien rendí
el ser, la vida y el alma.

(Vase.)

Bato		¿Ya tenemos otra historia?
		¿Qué ninfa o qué calabaza,
		señora, es aquesta?

Eco						¿Aquesta?		670

Bato		Sí.

Eco			Sí.

Bato				¡Linda flema gastas!
		No le sigas.

(Quiere irse Eco detrás de Narciso y él la detiene.)

Eco				No le sigas.

Bato		No le sigas tú y tu alma;
		que yo harto quedo me estoy.
		Un instante aguarda.

Eco					Aguarda.		675

Bato		¿Qué es, di, señora?

| Eco | Señora. |

| Bato (Aparte.) | (¿Señora yo? Está borracha.)
Di lo que sientes. |

| Eco | ¿Qué sientes? |

| Bato | Yo no siento nada. |

| Eco | Nada. |

| Bato | ¿Lo que oyes dices? ¿De cuándo   680
acá tú eres papagaya?
Notables extremos hace.
Llena de mortales ansias
se hiere el pecho. El temor
della ya me aparta. |

| Eco
(Aparte.) | Aparta.   685
(Por de dentro, hacia mí misma,
sin articular palabra
hablar puedo, pues conozco,
que pronunciar bien le falta
al órgano de mi voz,   690
aunque no sé por qué causa.)
En mi vida me verán
humanas gentes la cara.
Huyendo de los poblados
a las ásperas montañas.   695
iré, y escondida en ellas,
las más cóncavas estancias
viviré, triste y confusa,
repitiendo a cuantos pasan
últimos acentos solo.   700 |

Ásperos montes de Arcadia,
de Arcadia apacibles selvas,
nobles pastores, zagalas,
hermosos blancos rebaños,
verdes troncos, fuentes claras: 705
Eco, vuestra compañera
ya de entre vosotros falta.
No la busquéis, porque oculta
en las ásperas montañas
de los montes va a vivir   710
de Narciso enamorada.
Mas si queréis saber della,
desde los valles habladla;
que de responder a todos
desde aquí os doy la palabra,   715
llorando con los que lloran,
cantando con los que cantan.

(Vase.)

Bato   Señores, ¿qué ha sido esto
                que a Eco ha dado, que no habla
                sino solo lo que oye?   720
                ¡Oh, quién supiera la causa
                para venderla, porque
                cuántos hombres me pagaran
                a peso de oro, si hay oro,
                que sus mujeres y damas,   725
                por mucho que ellos hablasen,
                no hablasen una palabra,
                solamente todo el día!
                ¡Y cuántas mujeres, cuántas
                también pagaran la cura,   730
                porque los hombres no hablaran

más de lo que ellas quisieran!

(Sale Sirene.)

[Sirene]

Aquí dijeron que estaba
Eco, y a buscarla vengo.

Bato (Aparte.)

(¡Oh, si hubiera la desgracia   735
hoy tenido tan buen gusto,
que hubiera quitado el habla
también a Sirene!) ¿Qué hay,
Sirene?

Sirene (Aparte.)

¡Oh, cuánto me cansa
este necio! Hablar no quiero,   740
porque me deje y se vaya.

Bato

¿Pues no me respondes? ¿No?
¿Y por señas? ¿Qué?, ¿no hablas?
¡Linda cosa! ¡Albricias, hombres,
todas las mujeres callan   745
desde hoy! Peste general
ha venido por sus hablas.

Sirene

¡Malos años para vós!
Que por tardes y mañanas,
ha de hablar.

Bato

                    Ya me espantaba   750
yo de que era tan dichoso.

(Sale Febo.)

[Febo] (Aparte.)

(¿Dónde me llevan mis ansias

tras un divino imposible,
sin dicha y sin esperanza?)
¡Bato!

Bato
       ¿Qué hay, Febo?

Febo
           Por dicha   755
entre aquestas intrincadas
espesuras que tejió
rústicamente la varia
naturaleza, que a veces
es sin el arte más sabida: 760
¿viste a la divina Eco?

Bato
No vi sino a la Eco humana,
porque si fuera divina,
no padeciera desgracias.

Febo
¿Qué desgracias?

Bato
          La más grande   765
que pudo, Febo, a zagala
ninguna suceder.

Febo
         ¿Cómo?
¿Fue alguna fiera tirana
sangriento horror de su vida?

Bato
Mayor.

Febo
       ¿De esas peñas altas   770
se ha despeñado?

Bato
         Mayor.

| Febo | ¿Fue monumento de plata |
| | suyo el caudal de ese río? |

| Bato | Mayor. |

| Febo | ¿Mayor que anegada, |
| | que despeñada y herida? | 775 |

| Bato | Sí. |

| Febo | ¿Qué fue? |

| Bato | Faltole el habla, |
| | que en mujeres más que todo. |

| Febo | ¡Una y mil veces mal hayas! |
| | Pues ¿ahora me hablas de burlas? |

Bato	Muy de veras ahora hablaba,	780
	porque sin poder decir
	más que sola una palabra,
	aquí la vi.

| Febo | Sus tristezas |
| | de aqueso habrán sido causa. |

Bato	Pero no te aflijas mucho,	785
	también Sirene callaba
	agora, y habló al instante
	más que cuatro mil urracas;
	y lo mismo será de Eco,
	porque si el hablar es falta	790
	en las hembras, no se pierde

tan presto una mala maña.

Febo

Sin darte crédito, voy
por este monte a buscarla.
¿Pero qué es esto?

Sirene

Notable

795

(Ruido dentro de música.)

ruido de músicas varias
hacia aquí viene.

Febo

No quiero
tenerme a saber la causa;
porque, cuando lloro yo,
me afligen más los que cantan.

800

Sirene

¿A qué propósito hoy
habrá, Bato, fiesta tanta?

Bato

En albricias de que calle
una mujer: ¿qué más causa?

(Sale Narciso y Músicos.)

Narciso

Aquí, amigos, ha de ser
la música; que esta clara
fuente es la esfera de un Sol
que a su luz de yelo abrasa.
No lleguéis hasta que yo
llegue a la fuente a llamarla;
porque hasta que ella esté allí,
no es bien que música haya.

805

810

Bato   Narciso, ¿qué es esto?

Narciso   Ya,
              cuando con Eco quedabas,
              de paso, ¿no te lo dije?   815

Bato   Pues dímelo ahora de estancia.

Narciso   A la ninfa desta fuente
              rendido mi pecho ama.
              Llegando a beber la vi,
              diome licencia de amarla   820
              por señas, porque la voz
              no suena dentro del agua.
              Una música la traigo,
              Bato, para festejarla,
              y voy a ver si está aquí.   825

Bato   ¡Cuánto de verla me holgara!
              Porque aunque he oído decir
              que ninfas y duendes haya,
              ni duende ni ninfa he visto.

Narciso   Tente, que podrá enojarla   830
              el que tú llegues a verla,
              y aun podrá ser que no salga.
              Déjame llegar a mí,
              y si a mi voz que la llama
              saliere, llegarás tú   835
              secretamente a miralla.
              Deidad cristalina, a quien
              mi corazón idolatra,
              sal a mis voces.

Bato   ¿Salió?

Narciso   Sí. No sabré decir cuánta   840
                    es mi alegría de ver
                    que tan presto a mi voz salgas.
                    Una música te traigo,
                    y a saber lo que te agrada,
                    te trujiera cuantos dones   845
                    producen en estas campañas.
                    ¿No agradeces el deseo?
                    Di que sí... esa seña basta.

Bato   ¿Podré llegar ya?

Narciso   Entre tanto
                    que a decir que canten vaya   850
                    a los músicos, podrás
                    verla, Bato. Mas repara
                    que llegues tan quedo, que
                    no te sienta. Soberana
                    belleza, a decir que lleguen   855
                    los músicos voy. Aguarda.
                    Llega, que ahí queda.

Bato   Ya llego
                    con harto miedo y con harta
                    vergüenza; que es la primera
                    vez que a fuente llego. Tanta   860
                    ha sido la antipatilla
                    que he tenido con el agua,
                    y fe que he guardado al vino.
(Mírase en la fuente.) ¡Qué malditísima cara
                    de ninfa! La mía no puede   865

ser peor ni aun ser tan mala.

Narciso   Llegad, desde aquí decid
de mi bien las alabanzas.
¿Hasla visto?

Bato   Ya la he visto.

Narciso   ¿No es su belleza extremada?   870

Bato   Mucho, señor, si tuviera...

Narciso   Prosigue, ¿qué?

Bato   ...hecha la barba,
porque tiene más que yo
debo de tener.

Narciso   ¡Qué extraña
es tu simpleza! Cantad.   875
Oye, mi bien, lo que cantan.

Músicos   Las glorias de amor...

Eco [Dentro.]   Amor.

Músicos   ...tienen en los celos...

Eco [Dentro.]   Celos.

Músicos   ...libradas las penas...

Eco [Dentro.]   Penas.

Músicos	que en el alma siento.	
Eco [Dentro.]	Siento.	880
Músicos	¡Ay, que me muero de celos y amores! ¡Ay que me muero!	
Eco [Dentro.]	¡Ay que me muero!	
Narciso	Oíd, ¿qué segunda voz repetida de los vientos, duplica vuestros acentos, rompiendo el aire veloz?	885
Bato	No sé, que admirado yo, con harto miedo la oía.	
Narciso	¿Cómo la letra decía, que vuestro tono canto?	890
Músicos	Las glorias de amor...	
Eco [Dentro.]	Amor.	
Músicos	Tienen en los celos...	
Eco [Dentro.]	Celos.	
Músicos	Libradas las penas...	
Eco [Dentro.]	Penas.	
Músicos	Que en el alma siento.	

Eco [Dentro.]   Siento.   895

Eco y
Músicos   ¡Ay que me muero de celos
                       y amores, ay que me muero!

Eco   ¡Ay que me muero!

Narciso   De suerte que repetidos
                       esos versos los finales,   900
                       alguien lamenta sus males,
                       diciendo en otros sentidos:
                       «Amor, celos, penas siento.
                          ¡Ay que me muero!».

Bato   ¿Quién será?

Sirene   Alguna deidad,   905
                       porque quien deidad no fuera,
                       no hablara sin que se viera.

Narciso   Pues segunda vez cantad.
(Sale Liríope.)   Vamos...

Liríope   No cantéis más.
                       ¿A quién, Narciso, en aquesta   910
                       siempre apacible floresta
                       aquesta música das?

Narciso   A la mayor hermosura
                       que jamás el cielo vio,
                       en quien de los hados yo   915
                       tengo mi vida segura;
                       porque si mi fin atroz,

en voz y hermosura están,
aquí los cielos me dan
la hermosura sin la voz.   920

Liríope   Sin duda que amar procura
a Eco, pues Eco, infelice,
ya solo lo que oye dice,
y está sin voz su hermosura.

Narciso   La deidad de aquesta fuente   925
es, madre, la que yo adoro.
Dentro della está, y no ignoro
que agradezcas noblemente
tan alto empleo.

Liríope   Pues ¿cuándo
la deidad viste?

Narciso   Al beber   930
su cristal la puede ver
dentro del agua abrasando,
y tanto me favorece,
conociendo el amor mío,
que se ríe si me río,   935
y si lloro se entristece.

Liríope   Tu ignorancia te ha tenido
por las señas que me has dado,
de ti mismo enamorado.

Narciso   ¿Cómo eso puede haber sido?   940

Liríope   Llega al cristal, lo verás,
para que desengañado

te burles de tu cuidado
y no te diviertas más.

Narciso   Llega tú, que ella está aquí.   945

(Llega a la fuente Narciso.)

Liríope   ¿Estoy en el agua yo
ahora, Narciso?

Narciso   No.

(Ahora llega Liríope.)

Liríope   Y ahora ¿estoy en ella?

Narciso   Sí,
y equívoco mi deseo
extraños discursos fragua,   950
cuando en la tierra y el agua
a un mismo tiempo te veo.

Liríope   Pues desa misma manera
que a mí me miras, te ves.
La que juzgas deidad es   955
sombra tuya. Considera
si ha sido tu amor locura,
pues a sí mismo se amó.

Narciso   ¡Válgame el cielo!, ¿que yo
tengo tan rara hermosura,   960
y que no puedo, ¡ay de mí!,
siendo quien puede tenerla,
aspirar a merecerle?

¡Cielos!, ¿es aquesto así?

Eco [Dentro.]   Sí.

Narciso   ¿Quién a mi voz respondió?   965

Liríope   Eco, a quien el monte esconde,
                 que a cuanto escucha responde.

Narciso   ¿Y a sí no perdonó?

Eco [Dentro.]   No.

Narciso   Pues, Eco, oye. Aunque tú mueras...

Eco [Dentro.]   Mueras...

Narciso   ...celosa, yo enamorado...   970

Eco [Dentro.]   Enamorado...

Narciso   ...no me he acordar de ti.

Eco [Dentro.]   De ti...

Narciso   Mas, ¡ay, cielos!, que si aquí
                 junto las voces que oí,
                 ¡oh, madre!, y las consideras,
                 en tres voces dijo: «Mueras   975
                 enamorado de ti».
                 Y temo que la oiga el cielo.

Eco [Dentro.]   El cielo...

Narciso   Pues es fuerza que me dé...

Eco   ...me dé...

Narciso   De mí mismo a mí venganza.

Eco   ...venganza.

Narciso   Y más ahora que alcanza   980
a ver mi desconfianza,
que lo último repitiendo
de mi acento, está diciendo:
«El cielo me dé venganza».
Esta imposible hermosura...   985

Eco [Dentro.]   Hermosura...

Narciso   Y aquella hermosura y voz...

Eco [Dentro.]   ...y voz...

Narciso   A un mismo tiempo me han muerto.

Eco [Dentro.]   Muerto...

Narciso   Pues tan claramente advierto
que oráculo del desierto,
cuando a mis penas compite,   990
Eco conmigo repite:
«Hermosura y voz me han muerto».
¡Ay de mí, infeliz, que muero!

Eco [Dentro.]   Muero...

Narciso   Y mi misma sombra amando...

Eco [Dentro.]   ...amando...

Narciso   Una voz aborreciendo...   995

Eco [Dentro.]   ...aborreciendo...

Narciso   ...con que se está averiguando
                   que el hado va ejecutando
                   sus amenazas. Huir quiero
                   de mí mismo, pues ya «muero
                   aborreciendo y amando».   1000

(Vase.)

Liríope   Oye, Narciso, detente.

Bato   Al monte se ha entrado huyendo.

Liríope   ¡Oh qué en vano los mortales
                   quieren entender al cielo!
                   Todos los medios que puse   1005
                   para estorbar los empeños
                   hoy de su destino, han sido
                   facilitarlos más presto;
                   pues la voz dello le aflige,
                   y por venir della huyendo,   1010
                   muerte le da su hermosura:
                   con que ya cumplido veo
                   que hermosura y voz le matan,
                   amando y aborreciendo.

(Sale Febo y Silvio.)

| Febo | Asombro de aquestos valles... | 1015 |

| Silvio | De aquestos montes portento... |

| Febo | ...que habiendo fiera venido... |

| Silvio | ...alto príncipe te has vuelto... |

| Febo | ¿Qué hechizo es el que a Eco has dado... |

| Silvio | ¿Qué tósigo, qué veneno... | 1020 |

| Febo | ...que huyendo las gentes, muere... |

| Silvio | ...loca por esos desiertos... |

Liríope

¡Qué tósigo ni qué hechizo,
ni qué veneno más fiero,
que su proprio amor! Él es,   1025
zagales, el que la ha muerto.

| Febo | Mientes, que tus magias ciencias... |

| Silvio | Con sus nocivos alientos... |

| Los dos | ...juicio y vida la han quitado. |

Liríope

Si ellas bastaran a eso,   1030
bastaran a que Narciso
no le pasara lo mesmo:
y pues él muere a otro amor
no menos extraño, es cierto
que no ha sido efecto mío.   1035

Febo   Sí ha sido, pues ese efecto
                es venganza de los dioses,
                que en él tus atrevimientos
                han castigado.

Silvio   Y yo en ti
                a ella he de vengar y a ellos.   1040

Febo   Primera de mis razones
                será despojo.

(Sale Anteo.)

Anteo   Teneos,
                que corre a cuenta esta vida
                del que aquí la trajo.

Febo   Anteo,
                no la defiendas, pues ves   1045
                las razones que tenemos.

Silvio   Y porque mejor lo digas,
                vuelve a ver furiosa a Eco,
                cómo buscando las grutas,
                va de los montes huyendo.   1050

Liríope   Vuelve también, para ver
                la poca culpa que tengo,
                no menos loco a Narciso.

(Sale Eco.)

[Eco]   ¿Dónde ocultarme pretendo

de mí misma aborrecida,   1055
si a mí conmigo me llevo?

(Sale Narciso.)

[Narciso]   De mí mismo enamorado
                     a verme en la fuente vuelvo.

Anteo   Si fueran suyos, no fueran
                     iguales los sentimientos.   1060

Febo   Ya que defiendes su vida,
                     verás que yo otra defiendo;
                     pues lo noble de mi amor,
                     a la salud acudiendo
                     de Eco, intentaré curarla.   1065

Silvio   Lo altivo, sañudo y fiero
                     del mío, más que a su cura,
                     a su venganza resuelto,
                     la muerte dará a quien fue
                     la causa de sus despechos.   1070

Liríope (Aparte.)   ¿Para cuándo son, fortuna,
                     de mi magia los efectos?
                     Perturbe de sus acciones
                     el encanto los intentos.

Febo   Bella Eco...

Silvio   Infeliz joven...   1075

Febo   ...darte la vida pretendo.

| Silvio | ...y darte la muerte yo. |

| Eco | ¿Para qué, si la aborrezco? |

| Narciso | Tarde llegas, puesto que
ya mis desdichas me han muerto. | 1080 |

| Eco | Y para que no lo logres,
desesperada a ese centro
me he de arrojar. |

| Narciso | Y porque
nunca sea tu trofeo,
me despeñaré esas ondas. | 1085 |

| Febo | Ven conmigo. |

| Eco | Es vano intento... |

| Silvio | Muere a mi acero. |

| Narciso | Es en vano... |

| Liríope | ¿Qué aguardan los elementos? |

| Eco | Que yo, de mí aborrecida,
de mí en mí vengarme intento. | 1090 |

| Narciso | Que yo, de mí enamorado,
moriré de mi amor mesmo. |

| Febo | Detendrete yo. |

| Silvio | Darete |

yo la muerte.

Todos   Mas ¿qué es esto?

Anteo   Que el Sol empañando el día   1095
                 en pardas sombras se ha vuelto.

Silvio   ¡Qué asombro!

Febo   ¡Qué maravilla!

Liríope   ¡Qué prodigio!

Anteo   ¡Qué portento!

Todos   ¿Qué ha sido esto?

Febo   Que Eco en aire
                 entre mis brazos se ha vuelto.   1100

Silvio   Y Narciso en sus cristales,
                 antes que a mi saña, ha muerto.

Todos   En cuyas obsequias hacen
                 cielo y tierra sentimiento.

Liríope   Cumplió el hado su amenaza,   1115
                 valiéndose de los medios,
                 que para estorbarlo puse;
                 pues ruina de entrambos fueron
                 una voz y una hermosura,
                 aire y flor entrambos siendo.   1120

Bato   ¡Y habrá bobos que lo crean!

Mas sea cierto o no cierto,
tal cual la fábula es
esta de Narciso y Eco.
Perdonad sus muchas faltas   1125
del que, a vuestras plantas puesto,
siempre acuerda la disculpa
del que yerra obedeciendo.

Fin de la comedia

Libros a la carta

A la carta es un servicio especializado para
empresas,
librerías,
bibliotecas,
editoriales
y centros de enseñanza;
y permite confeccionar libros que, por su formato y concepción, sirven a los
propósitos más específicos de estas instituciones.
Las empresas nos encargan ediciones personalizadas para marketing editorial
o para regalos institucionales. Y los interesados solicitan, a título personal,
ediciones antiguas, o no disponibles en el mercado; y las acompañan con
notas y comentarios críticos.
Las ediciones tienen como apoyo un libro de estilo con todo tipo de referen-
cias sobre los criterios de tratamiento tipográfico aplicados a nuestros libros
que puede ser consultado en Linkgua-ediciones.com.
Linkgua edita por encargo diferentes versiones de una misma obra con distintos tratamientos ortotipográficos (actualizaciones de carácter divulgativo de
un clásico, o versiones estrictamente fieles a la edición original de referencia).
Este servicio de ediciones a la carta le permitirá, si usted se dedica a la enseñanza, tener una forma de hacer pública su interpretación de un texto y, sobre
una versión digitalizada «base», usted podrá introducir interpretaciones del
texto fuente. Es un tópico que los profesores denuncien en clase los desma-
nes de una edición, o vayan comentando errores de interpretación de un texto
y esta es una solución útil a esa necesidad del mundo académico.
Asimismo publicamos de manera sistemática, en un mismo catálogo, tesis
doctorales y actas de congresos académicos, que son distribuidas a través
de nuestra Web.
El servicio de «libros a la carta» funciona de dos formas.
1. Tenemos un fondo de libros digitalizados que usted puede personalizar en
tiradas de al menos cinco ejemplares. Estas personalizaciones pueden ser de
todo tipo: añadir notas de clase para uso de un grupo de estudiantes, introducir logos corporativos para uso con fines de marketing empresarial, etc. etc.

2. Buscamos libros descatalogados de otras editoriales y los reeditamos en tiradas cortas a petición de un cliente.